名师名校名校长

凝聚名师共识
回应名师关怀
打造名师品牌
培育名师群体

　　　　　　顾明远

成就好父母

——手把手教你培养好孩子

江贻宁 著

 吉林教育出版社

图书在版编目（CIP）数据

成就好父母：手把手教你培养好孩子 / 江贻宁著
. —长春：吉林教育出版社，2023.12
ISBN 978-7-5734-2252-1

Ⅰ.①成… Ⅱ.①江… Ⅲ.①家庭教育 Ⅳ.①G78

中国国家版本馆CIP数据核字（2023）第255095号

成就好父母——手把手教你培养好孩子   江贻宁　著

责任编辑　尹曾花   **装帧设计**　言之凿

出版　吉林教育出版社（长春市同志街1991号　　　邮编　130021）
发行　吉林教育出版社
印刷　北京政采印刷服务有限公司

开本　787毫米×1092毫米　1/16　**印张**　13.75　　**字数**　171千字
版次　2023年12月第1版　　**印次**　2023年12月第1次印刷
书号　ISBN 978-7-5734-2252-1
定价　58.00元

序 言

　　家庭是孩子的第一所学校，父母是孩子的第一任老师！"双减"政策出台、《中华人民共和国家庭教育促进法》颁布都体现出家庭教育的重要性，家庭教育也正式纳入国家教育事业发展规划，进入法治化管理轨道。"家庭教育"成为教育领域的热词，家庭教育也由家事上升到国事。国家的高度重视，社会上因家庭教育引发的各类事件，都不得不引起我们教育工作者的深思。因此，如何有效地对家长实施家庭教育指导，成为我们教育实践中不可或缺的部分。

　　合肥市江贻宁名班主任工作室一直致力于家庭教育指导服务的实践研究。其从现状出发，明晰了当下家庭教育指导服务各主体诉求及家庭教育中存在的问题，并从专业角度出发，整合各类资源开展家庭教育指导的实践，不断地在实践中总结提炼，最终形成了《成就好父母——手把手教你培养好孩子》这部专著。

　　本专著分为两个板块：父母的成长和子女的教育。父母只有不断地学习、提升自己家庭教育水平，才能更好地教育自己的子女。因此，本专著的"父母的成长"板块从法律解读的角度，就家庭教育过程中常见的问题进行了6个专题的阐述，期待家长在阅读这一板块时能转变观念，避开家庭教育过程中的误区。"子女的教育"板块是本专著的主体部分，分别从爱的教育、青春期教育、情绪管理、行为管理和成长教育5章进行阐述，设置了20个主题。

　　二孩政策、"双减"政策、发达的网络让家庭教育面临着新的挑战，本专著针对这些新的问题进行了细致的剖析，并结合当前的社会形势与国家政策以及鲜活的案例提出了解决办法，通过可操作的具体方法进行手把手的指导，让家长从中受到启发，从而针对自己孩子的具体情况选择合适的方式尝试个性化地解决问题。另外，虽然现在的小学生在生活上养尊处优，但是家长对他们的期待很高，这是家庭矛盾的主要来源。物质生活的高享受，导致部分孩子不懂得感恩、以自我为中心、自主能力低下。针对这些情况，本专著进行了专题式指导，即从学生的性格、态度、价值观等入手，帮助家长具体分析利弊，提供解决的措施。针对家长们对孩子的高期待而导致的部分孩子情绪和心理出现的问题，本专著进行了归类阐述，把整个小学阶段孩子凸显的心理和情绪的问题列举出来，运用心理学的知识进行解读，进而引发家长的思考，让家长找到自己家庭教育过程中容易忽视的细节，更改教养的方式，并从理解孩子、尊重孩子的角度出发，掌握教养的技巧，从而真正培养出具有健康人格的孩子。

作为一线的老班主任，我从事了20多年的小学教育工作，其中除了生孩子请产假外，一直从事着班主任工作。在日复一日的与学生相处之中，在一次次与家长的沟通交流之中，我渐渐发现，要想培养一个好孩子，仅仅靠老师的教导和学校课程的学习是远远不够的。我遇到过各种不同类型的孩子，随着时代的变迁，孩子出现的问题也在发生变化，但不变的是孩子纯真的本性，一个个可爱而又充满活力的学生，让我感受到了生命的活力。这一群群、一个个活泼可爱、天真烂漫的孩童，值得拥有最美好的一切，我想让他们成为更美好的人。然而，每一个孩子或多或少都存在这样或者那样的小毛病，在与其家长的沟通中，我也发现每一个孩子的问题归根结底都与家庭教育有着千丝万缕的关系，父母就是孩子的一面镜子，要想让我们的学生成为更好的人，家庭教育才是最关键的。在与每一位家长的沟通过程中，我发现几乎所有的家长都是爱自己孩子的，不爱自己孩子的家长只是个例，但是，每一位家长的家庭教育方式迥然。那么，有了爱就是好的家庭教育吗？答案是否定的。看到过歇斯底里崩溃的家长，看到过自认为是科学教养的家长，也看到过"淳朴"到把孩子全权托付给老师的家长……我深刻地意识到，家庭教育是需要指导的。

目前，在家庭教育指导这一领域缺少专业的人士和专门的官方机构，家庭教育指导在一定意义上来讲是空缺的。因此，我们学校的一线教师在家庭教育指导上就有了相对的优势，因为我们有专业的教育教学能力，有相关的心理学知识基础，对学生以及家长有足够的了解，身边还有众多的鲜活案例，再加上我们拥有作为教育人的情怀，不断努力学习的热情，相信通过不断的探索和实践，在家庭教育指导方面一定会发挥出我们的力量！这也是我著此书的目的，希望这本书能为千万个家庭提供一点帮助，能为千万个家庭带来一点启示，那就是我的幸福！

江贻宁

2023年4月7日

目 录

上 篇
父母的成长

《中华人民共和国家庭教育促进法》解读 …………… 002

"双减"来了，做不焦虑的家长 …………… 011

父母教育观念不一致怎么办 …………… 019

如何应对"父亲缺位"现象 …………… 027

孩子遇到问题，如何与老师沟通 …………… 034

孩子刚入学，家长可以怎么做 …………… 041

下 篇
子女的教育

第一章　爱的教育 …………… 052

如何对孩子进行感恩教育 …………… 053

亲爱的孩子，你为什么看不见我的付出 …………… 061

二孩来临，你们都是我的最爱 …………… 069

该不该按性别决定教养方式 …………… 076

第二章　青春期教育 ··· 084

家长如何应对小学阶段的"儿童叛逆期" ··············· 085

孩子对异性产生爱慕，如何引导 ························· 093

帮助孩子应对青春期身体的变化 ························· 101

第三章　情绪管理 ··· 110

面对孩子的"暴脾气"，该如何应对 ··············· 111

为什么我的孩子负能量爆棚 ··························· 118

我的孩子快乐吗——倾听孩子内心的声音 ··········· 127

第四章　行为管理 ··· 133

战胜拖拉，告别"小磨王" ··························· 134

"双减"背景下，家长要不要辅导孩子做作业 ········· 143

孩子说谎怎么办 ····································· 150

舍得用孩子，孩子才能成大器 ························· 158

如何有效开展亲子阅读 ······························· 165

第五章　成长教育 ··· 173

孩子与同伴发生冲突，怎么办 ························· 174

自信的孩子会发光 ··································· 181

"问题孩子"的成长答案 ····························· 189

电子产品引发的家庭矛盾，怎么解决 ··············· 199

如何对孩子进行挫折教育 ····························· 206

上　篇

父母的成长

《中华人民共和国家庭教育促进法》 解读

2021年10月23日，中华人民共和国第十三届全国人民代表大会常务委员会第三十一次会议通过了中国第一部家庭教育相关的法律——《中华人民共和国家庭教育促进法》（以下简称《家庭教育促进法》），该法自2022年1月1日起实施。它的出台，标志着我国的家庭教育从"家事"上升到了"国事"。中国的家长们进入了"依法带娃"的新时代。

提到《家庭教育促进法》，家长们可能会有这样的疑惑：这部法律和我们有哪些关系？它是用来约束家长行为的吗？

其实，它的主要目的不是"管"，而是"赋"，是为了赋予家长更好地教育孩子的能力。家庭教育具有很强的家庭个性特点，具有家庭私事属性，不可能做到全国统一，法律就是在尊重家长家庭教育行为的同时，帮助家长科学地指导。

知晓《家庭教育促进法》的立法背景，才能准确把握其内容，理解其本质。

一、《家庭教育促进法》的立法背景

1. 国际背景

纵观国际社会，世界处于百年未遇的大变局之中，而中国不可避免地处于世界大变局的核心之中，是世界瞩目的焦点。随着我国经济快速发展，人民物质生活得到了极大满足，与物质需求相对应的精神需求也日益凸显。一个国家的文明是物质文明与精神文明双线并行、相互映衬的。而家庭教育对于精神文明发展发挥着不可替代的奠基作用。

2. 国内背景

再看国内社会，如今普遍存在于家庭中的教育问题异常突出，主要表现在以下三个方面：

一是养而不教。如今"熊孩子"事件在网络上层出不穷：踢坏影院大屏、往商场钢琴里倒可乐、景区内随意摘花践踏小草、游乐园里脚踹穿着玩偶服的工作人员……而"熊孩子"的家长们却几乎众口一词："他还只是个孩子！"

二是重智育轻德育。曾几何时，早教机构风靡全国。家长们挤破头地想给自己的孩子报一个全脑开发的早教班，生怕孩子输在了"起跑线"上。他们关注孩子能背诵多少古诗，英语达到了几级，却很少对孩子品德修养方面进行专门的教育。

三是离异、留守、贫困家庭严重缺乏家庭教育资源。随着离婚率的逐年上升，离异家庭子女的教育问题日渐突出。城镇化进程的加快，导致农村越来越多的年轻父母将孩子丢给老人进城务工。据相关数据统计，截至2022年年底，全国范围内不满16周岁的农村留守儿童约902万人。还有一部分生活较为困难的家庭，在努力缓解生存压力的同时，是没有能力，甚至没有意识进行家庭教育的。有些父母即使能够意识到家庭教育的重要性，可是没有教育的能力，也无法得到相应的支持。

目前，我国社会现有的家庭教育指导服务水平难以满足家长们的家庭教育需求。据中华全国妇女联合会（简称"全国妇联"）的一项调查显示，我国近一半的家长不知道如何进行家庭教育，对科学的家庭教育指导服务需求迫切。

虽然家庭教育是家庭个性化的行为，但是它的影响范围已经远远超出了家庭，对整个社会都有着举足轻重的影响。例如，青少年犯罪问题突出、呈低龄化趋势发展等，都和家庭教育不当有很大关系。一项对少年犯的调查显示，他们都度过了一个因父母教育缺失或养育不当而不幸的童年。在一些青少年暴力犯罪案件中，涉案的青少年皆因童年时期长期承受父母或监护人对自己的辱骂和体罚，从而长大后向他人挥起拳头、举起匕首。

3. 传统文化背景

在中国传统文化中，家与国也常常被联系在一起来阐述。例如，《尚书》中"天子作民父母，以为天下王"，就是以家庭关系来比喻国家的治理，意思是国家哺育子民就如同家中的父母教育子女一样。再如，人们会习惯将掌管一方的官员称为"父母官"。家是国繁荣昌盛的基础。没有家的健康发展，就不可能有国的长治久安。要想家庭健康发展，就要解决如何教育好下一代的问题。司马迁在《屈原列传》中说："父母者，人之本也。"人之本，就是人的根本。父母给了孩子什么为人的根本呢？父母不仅给了孩子为人的生命基础，也是教导孩子适应一切社会关系的第一任老师，是最重要的老师。中华民族重视家庭教育的优良传统应当得以继承和发扬。

由此看来，国家将家庭教育纳入法律体系，是一件迫在眉睫的事情。

那么，《家庭教育促进法》针对目前的家庭教育现状，给了家长哪些不同以往的重要指引呢？

二、《家庭教育促进法》对家庭教育的重要指引

1. 立德树人

立德树人是家庭教育的根本任务。

首先，《家庭教育促进法》在第一章总则中明确指出了制定本法的目的、家庭教育的概念界定、实施家庭教育的责任主体以及实施家庭教育的原则和保障。从总则中我们不难看出，家庭教育的第一责任人是家长，国家只是起支持和服务的作用。其中，总则的第一条特别提出了"引导全社会注重家庭、家教、家风，增进家庭幸福与社会和谐"。家庭是孩子的第一所学校，创建一个好家庭就是给孩子一所好学校。家庭建设的重点是家风建设，家风建设的基础是家教。家教的内涵大致包括两个方面：家庭成员较为稳定的基本行为和基本品德。而人的外在行为往往受内在道德品质的影响。总则的第二条在对家庭教育进行概念界定的同时，更是将道德品质放在了首位。家庭教育会涉及很多方面，但其中最重要的是品德的培养。总则的第三条将家庭教育的根本任务确立为"立德树人"。也就是说，家庭教育的核心和本质应该是对向上向善的"人"的培养。学校教育是"成才"教育，教导孩子如何明志、如何求知；家庭教育是为一个人终身发展奠基的教育，是教孩子如何做人的教育。这是二者本质的区别。然而在现实中，家庭教育却常常是围绕孩子"成才"展开的。新闻中会时不时出现家长因辅导孩子作业而气急败坏的事件。《家庭教育促进法》对家庭教育的概念和根本任务的明确，是在引导家长去除家庭教育过程中"学校化"的倾向，扭转家长重智育轻

德育的观念。

其次，《家庭教育促进法》在第二章第十六条规定的家庭教育具体内容中，也体现了立德树人这一根本任务。首先，提出了要教育未成年人铸牢中华民族共同体意识，培养家国情怀。接着，提出了培养孩子良好的社会公德、个人品德、家庭美德、法治意识，关照孩子发展全局来培养他们的好思想、好品德。在好品行、好习惯方面的培养也罗列了相关规定：要重视孩子的科学探索精神、创新意识和能力的培养，引导孩子培养健康审美追求和良好学习习惯，养成良好生活习惯和行为习惯，帮助孩子掌握安全知识和技能，增强自我保护的意识和能力，提高生活自理能力和独立生活能力，养成吃苦耐劳的优秀品格和热爱劳动的良好习惯。《家庭教育促进法》第十六条的规定是与前面第二条家庭教育的概念界定遥相呼应的。它不仅明确了品德教育在家庭教育中是第一位的，而且为家长指明了具体方法。家庭作为社会最基本单位和人健康成长的摇篮，家庭建设、家庭教育是国家治理现代化的基础建设。处于历史发展关键期的当代少年儿童是民族复兴的重要力量，是"强国一代"，当代家长更是责任重大。家长应当厘清什么是家庭教育，抓住家庭教育的本质，始终把立德树人放在实践家庭教育行为的首位。

2. 主动作为

《家庭教育促进法》第十四条、第二十条、第二十一条对家长应承担的家庭教育责任做出了相关规定。

第十四条是针对一般家庭做出的规定："父母或者其他监护人应当树立家庭是第一个课堂、家长是第一任老师的责任意识，承担对未成年人实施家庭教育的主体责任，用正确思想、方法和行为教育未成年人养成良好思想、品行和习惯。"

第二十条是针对处于分居或者离异状态的父母提出的规定：父母

"应当相互配合履行家庭教育责任，任何一方不得拒绝或者怠于履行；除法律另有规定外，不得阻碍另一方实施家庭教育。"也就是说，分居或者离异并不能成为父母推卸家庭教育责任的理由，双方依然要对孩子的教育进行配合，共同履行家庭教育的责任。除非一方有损害未成年人身心健康的行为存在，否则，一方不得阻碍另一方对未成年人实施家庭教育行为。

第二十一条是针对特殊的委托他人代为照护的未成年人家庭做出的规定："应当与被委托人、未成年人保持联系，定期了解未成年人学习、生活情况和心理状况，与被委托人共同履行家庭教育责任。"即使孩子委托给了他人代为照护，也并不意味着家长可以做甩手掌柜，对孩子的家庭教育不管不顾，家长不能放弃家庭教育的责任，应当联合被委托人，共同实施家庭教育。委托他人代为照护并不等于转移了自身对孩子的监护权，拒绝或怠于履行相应的家庭教育责任还会招致法律的惩戒。以往，家长拒绝对孩子进行家庭教育顶多受到道德上的指责，严重者也只能依据《中华人民共和国未成年人保护法（2020年修订）》的相关规定承担有限的责任，而《家庭教育促进法》第四十八条规定了未成年人父母或其他监护人未尽教育职责所需要承担的法律责任，并且将村民委员会、居民委员会、妇女联合会、父母或监护人所在单位、密切接触未成年人的单位都纳入了对父母或监护人实施监督和督促的范畴。

3. 共建共享

共建共享指的是家庭成员之间应当共同进行家庭建设，共同承担家庭教育责任，共同参与家庭教育行为，共同享受家庭建设成果。

《家庭教育促进法》的第十五条提出家长应当重视家庭建设，为未成年人的健康成长营造良好的家庭环境。习近平总书记在2015年春节团拜会上指出："我们都要重视家庭的建设，注重家庭、注重家教、注重家风，紧密结合培育和弘扬社会主义核心价值观，发扬光大中华民族传统家庭美德，促进家庭和睦，促进亲人相亲相爱，促进下一代健康成长……"习近平总书记这段话告诉我们要把家庭建设和家庭教育有机结合起来，把家庭建设作为家庭教育的重要内容。具体怎样操作？《家庭教育促进法》在第十五条中也给出了详细的解答："培育积极健康的家庭文化，树立和传承优良家风，弘扬中华民族家庭美德，共同构建文明、和睦的家庭关系，为未成年人健康成长营造良好的家庭环境。"

家长应该如何具体去做呢？《家庭教育促进法》在第十七条中规定了家庭教育合理的方式和方法。第十七条一共规定了九种方式方法。其中，前面八项是依据家庭教育的基本规律而制定的科学、合理、针对性强的方法，第九项是一个兜底性条款，告诉家长，对于法律没有明确指出的其他有利于未成年接受家庭教育的方法，也可以适当使用。这给家长进行家庭教育留有一定的自主选择权。我们来具体看一看前八项规定。

第十七条的前两项指出家长应当亲自养育、共同参与。这是针对目前中国当代社会中父母缺位亲子陪伴的现状提出的。陪和伴是亲子关系中两个维度的行为。陪是待在孩子的身边，是"旁观者"，而伴是和孩子一起应对，是"参与者"。有些家长忙于生计，不陪不伴；有些家长怠于养育，陪而不伴。目前社会中热度较高的"老年孩奴"、"老漂族"、"电子"育儿，以及"丧偶式"育儿、"守寡式"育儿，便是做父母的没有对孩子进行养育，父母双方没有共同参与到孩子的家庭教育当中的社会现象的折射。

第十七条的第三至第六项，传递出的最重要的理念是言传身教和尊重差异。家庭教育的本质是生活教育。家长的一言一行都会对孩子产生深远的影响，会对孩子品行进行潜移默化的浸润。要想创建一个好家庭，父母首先要注意自己的言行，做好孩子行为的榜样和言行的楷模，对孩子实施积极的影响。每个阶段的孩子身心特点、知识储备和能力发展都是不同的，《家庭教育促进法》特别指出的尊重差异就是在指引家长要不断学习，不断更新育儿理念，用发展中的育儿知识教育在不同阶段不断向前发展的孩子。现在的家长在面对现在的孩子的时候，由于社会的发展变革，必须通过不断学习新的理念，掌握新生代孩子的特点，尊重他们发展的规律，才能更好地实施家庭教育。这一规定是首次将父母应当根据孩子不同发展阶段进行有针对性的学习，以提高家庭教育的能力纳入法律范畴，这无疑给一些从不读书学习却根据自身成长经验盲目育儿的家长敲响了警钟。

第十七条的第七、八两项主要讲的是对孩子予以充分尊重，特别是对未成年人参与家庭事务的权利要予以尊重。孩子作为家庭的重要成员，有权参与谋划家庭建设的蓝图，有权享受家庭建设的成果。我们应当将孩子纳入家庭建设的队伍中来，只有给予孩子平等交流、建言献策的机会，他们才会更好地执行家庭建设的各种"规章制度"。而第八项中相互促进这一要求，是我们新时代家庭教育非常重要的方法。它打破了父母在家庭中处于绝对权威的地位的观念，提出父母与子女之间要相互学习、共同成长。现代社会已经进入了一个高速发展的信息化社会，孩子所接触的一些信息和知识事实上并不比家长少，有时候甚至比家长还要多。我们已经进入一个父母也需要向孩子学习的时代。因此，在家庭教育当中，家长要摆正自身位置，尊重孩子，高度重视相互促进的方法，学会向孩子学习，学会帮助孩子学习。

《家庭教育促进法》提出家庭教育应当有国家支持和社会协同。上至国务院，应当组织有关部门制定、修订并及时颁布全国家庭教育指导大纲，下至各级人民政府以及社区家长学校等，应当为家庭提供教育指导服务。这就从行政层面为家庭教育的推行提供了保障。居民委员会、村民委员会设立家庭教育服务的站点，为家长培训提供场所，创造学习的机会。社会各行各业应当为未成年人的发育和成长提供保障，如开展公益性的家庭教育指导服务和实践活动，传播科学的家庭教育理念和方法，等等。全社会一同营造重视家庭教育的良好社会氛围。

总之，《家庭教育促进法》是一部具有指导性、原则性的法律，明确了父母或其他监护人在家庭教育中的主体地位，调动了多方力量来促进家庭加强对未成年人的教育，权责分明，保障精细，对于目前良莠不齐的家庭教育指导机构也给予了明确的规范和管理。今后，如果出现本法中提到的不良情形，我们都可以以法律为依据，责令相关责任人承担必要的责任。从此，家长们科学育儿、正规育儿，有了底气。

"双减"来了，做不焦虑的家长

方方妈妈回家后，看到方方正在看电视，便立即关上了电视。这时，方方爸爸急切地问："方妈，那个培训班怎么解决的呀？""后来教委和市场监管部门出面管理了，说是要按照合法的破产程序进行……"方方妈妈说。

"那我们能退回多少钱？"

"市场监管部门调查了一下他们的资产，咱们家应该能退1000块钱左右。"

方方爸爸接着说："周末不让补文化课了，以后这充值报班，还真得谨慎一点。"

"不报也不行啊！你看看娃整天无所事事的，"方方妈妈接着忧心忡忡地说，"要不然这样，咱再添点钱，给她报一个美术班。"

正在一旁玩耍的方方听到后，急忙大声喊道："不要啊！"

家长朋友们，这样的情景，是否似曾相识？2021年7月24日，中共中央办公厅、国务院办公厅印发了《关于进一步减轻义务教育阶段学生作业负担和校外培训负担的意见》（以下简称"双减"），成为很多家庭所关注的热点。调查数据显示，"双减"政策出台后，家长们的心态各有不同：有的高兴，有的迷茫，也有很多像案例中方方妈妈一样的更焦虑了，他们恨不得把自己逼成老师，见书就想买，见人就问辅导孩子的经验，拼命刷视频，找各种学习方法和资源。国家宏观政策的急刹车，遏制住了校外培训这列迅猛疾驰的列车，但家长对教育的焦虑，并不能在短时间内消除，对孩子学习成绩的关注，也不会马上消失，家长仍然普遍在升学这个问题上显得很焦虑。

那么，问题出在哪里？

"双减"政策的出台给孩子们减轻了过重的校内学业负担，如果家长的焦虑心态没有得到有效缓解，那么政策也仅仅是政策，无法变成在孩子身上落实的措施。为什么即使出台了"双减"政策，家长还是一样焦虑呢？因为有一个被"内卷"的家长们普遍认同的错误观念在作祟——我的孩子不能输在起跑线上。

一、家长焦虑时都会有哪些症状呢？

1. 只注重孩子的学习

很多家长在家庭中的话题总是孩子的学习和成绩。比如，每天妈妈们一回到家都会问孩子："作业有没有做完？这些题目这么简单，怎么还会写错？"一个时刻关注孩子分数的焦虑妈妈，是会将焦虑传染给孩子的。孩子考试前两个星期，妈妈就不停地叮嘱："你怎么还不复习？怎么会做的题目还会错？你这样下去怎么考得好？"孩子的每根神经都紧绷着，大脑被紧张的情绪占领，理性思维没有了空间，怎么会考好呢？

2. 不断地催逼孩子

我问过很多孩子："你妈妈讲得最多的一句话是什么？"孩子的答案千差万别，但内容大多是——催逼。

人如果长期被催逼，会有两种极端的表现。一种会形成强迫症。比如，妈妈要求孩子写字写得像印刷体一样，高焦虑伴随高目标，这就叫作强迫追求完美。但多数人会走向另一种极端，那就是没动力，什么都不干。每个人都不愿意被别人安排着生活，如果长期被别人催逼着，就会出现什么都不想干的症状。

3. 与他人做比较

有个妈妈曾经说："人哪里有不比较的？我们不就是在比较当中不断追求更好的生活的吗？"但是，比较并不能完全带来上进和自信。有时，我们跟别人比较，会让我们沮丧，让我们无法审视自己，无法正确判断自身价值，反而会徒增很多负面情绪，进而影响正常生活。

如同世界上不会有两片相同的树叶一样，每个孩子都是独一无二的，是唯一的存在，不具有完全的可比性。

4. 争抢教育资源

有些家长，如果得知自家孩子的同学在跟某一位少儿数学名师学数学，而这个老师的电话和地址自己却不知道，就会很难受。是不是"双减"政策实施以后，校外辅导机构被取缔，家长就不焦虑了呢？有时情况恰恰相反，没了争抢教育资源的可能，家长反而越发焦虑。

如果出现上述症状之一，你得承认，在孩子学习的问题上，你也很焦虑。

那么，家长的焦虑在生理上、心理上对孩子有哪些不利的影响呢？

在以前，爸爸焦虑的很少。十位父母，九位焦虑的妈，一位焦虑的爸。这两年，爸爸的焦虑也有上升的趋势。也许，爸爸的焦虑是受妈妈的焦虑影响的。

如果长期焦虑，孩子就会有生理反应，如头痛，胃痛，肚子痛……你把他带到医院里去查，查不出什么，没有器质性的问题，但是他就是有生理上的问题。

现在皮肤病严重的孩子越来越多了，一位皮肤科的医生说，以前很少见小孩子得皮肤病的，现在却逐年增多。有一次他接诊了一个刚上初中的孩子，从头到脚发疹子，并且伴随全身发热，在医院里打针消下去了，结果因为参加考试又发出来了。

中医有句话叫恐伤肾，如果一个小孩子一直处在恐惧的心理状态，那么他的肾功能就会低下。老在那里害怕爸爸提出的要求满足不了，老在那里害怕妈妈提的目标达不到，心理上的恐惧感不断累积，进而导致生理上的病变。

因此，父母焦虑会对孩子身体和心理造成伤害。

二、如何智慧地带好孩子，做不焦虑的父母呢？

有养花经验的人，在植物出现几片黄叶子时，可以很清晰地判断出需要给整棵植物的根部浇水甚至施肥，一定不会只把黄色的叶子摘掉，因为他很清楚叶与根的关系，只摘叶子是解决不了根本问题的。

家庭教育也是这样。当发现"叶"的问题时，家长应该去解决"根"的问题。父母需要调节自己的心态，调节的重点在于看到并处理自己的内在焦虑，而不是急于处理孩子所表现的"黄叶"。

1. 鼓励交往，提高孩子归属感

每个人都有归属的需要，孩子需要被人们所接纳，早年的表现是归属他所在的家庭。一个人能否在童年时期与母亲形成安全的母婴依恋关系，会对孩子的人格塑造产生深远的影响。而上学以后，孩子要归属班级和同伴群。良好的人际关系不仅能满足孩子的归属需求，还能提升孩子的抗挫折能力，使孩子更健康积极，更敢于迎接挑战，也更加热爱生活。

家长在与孩子平等沟通的同时，更要鼓励孩子与他人交往，在交往中学会表达、倾听和共情，在与人互动的过程中，增加自己的价值感、效能感、意义感，提高自己的积极情绪。

2. 理解信任，培养孩子自我效能感

"双减"背景下，有些家长忧心忡忡，担心孩子不会自主管理时间，会更加贪玩，学习不好影响将来的发展，玩手机或看电视会上瘾，等等。于是，家长通过反复提醒、多次嘱咐、不停唠叨，恨不得能够像一台直升机一样，时刻盘旋在孩子上方，观察、监督、指导，对孩子进行全方位把控，以此来寻求心理上的安慰。可是结果往往是家长身心疲惫，孩子满腹牢骚。家长担心的原因，表面上是父母对孩子的关心和爱，实则是家长对孩子的不放心、不信任。

这时家长要及时站在孩子身边，给孩子充分的信任、具体的指导和帮助，和孩子一起渡过难关。

被家长信任的孩子，才有直面挑战、管理自我、承担责任的勇气。无疑，这才是家长送给孩子的最宝贵的精神财富。

3. 适当放手，给孩子历练的成功感

"双减"背景下，孩子有更多自主选择的权利和可自由支配的时间，这就更需要孩子有自己管理自己的能力。现代社会变化加快，存在越来越多的不确定性因素，更需要孩子具备发现问题、分析问题、解决问题和自我决策的能力。而这些能力都不会凭空产生，是需要在不断的实践过程中得到强化和培养的。我们需要给孩子尝试的机会，孩子才有可能成功。而尝试，就避免不了犯错。犯错，需要包容和指导。

让孩子逐步拥有独立面对挑战的能力，才是最真挚、温暖和智慧的爱。没有界限的爱就是套在孩子身上的枷锁，总有一天会让孩子喘不过气来。

4. 管理情绪，给孩子足够安全感

父母情绪稳定，家庭和谐，给孩子无条件的爱，无论是否"双减"，都是孩子安全感、归属感、价值感的来源，更是他们人格健全、适应力良好、生活幸福的基础。特别是孩子小的时候，他的自我意识还不成熟，父母就是他的世界，孩子就是从父母的眼中看见自己的样子。如果父母没有控制好自己的情绪，在孩子面前表现出一些过于极端的反应，会给孩子造成心理创伤，他们在将来的生活中很可能会形成一些创伤后应激障碍，甚至会发展为人格障碍。父母如果经常因为工作压力、夫妻关系、家庭纠纷，或者因为觉得孩子调皮捣蛋、不爱学习等原因而情绪失控，就会把自己的压力、无助和愤怒转嫁给孩子，使其被迫成为父母情绪的替罪羊和情绪垃圾收容站。这些创伤的经历会影响孩子心理功能的形成，使孩子缺乏安全感和价值感，如不敢有自己的主张，战战兢兢，总担心自己被别人抛弃，总担心自己犯错误，不敢建立亲密关系。

5. 忠言顺耳，减少教育的抵触感

常言道，"良药苦口利于病，忠言逆耳利于行"。家长望子成龙，但一片好意可能因为方式不当或说法欠佳，反倒给孩子造成了压力，伤害了孩子的自尊，进而影响亲子关系。一旦孩子产生抵触情绪，教育效果也就无从谈起了。

家长在对孩子无私付出、高度负责的同时，还必须有意识地注意自己的表达方式，寻找他们身上的闪光点，把逆耳的忠言转变成积极的期望和信任。这不仅可以避免亲子冲突，还能营造温馨和谐的心理相容、

心灵相通的亲子关系，在此基础上教育效果才积极有效。

6. 合理期望，避免产生过多挫败感

爱孩子需要恰如其分，期望也有尺度和分寸。有些父母对孩子要求过高，特别是在"双减"背景下，看见孩子做与学习无关的事就着急，总感觉心里没底；看见孩子玩手机或看电视时，心里就压不住想发火，总希望孩子能够马上就会自我管理、自我约束。为此，父母很少或几乎不表扬、肯定孩子，有时即使知道孩子确实做得很不错，也担心表扬会让孩子骄傲，因此表现出对孩子的不满意，甚至是打击和贬低。父母希望通过自己严厉的教育能够激励孩子更好地发展，这是对孩子的高期待和低信任的表现，是功利化和短视化的表现。

自尊心是一个人成长的精神支柱、向善的基石，也是自我发展的内在动力。家长用发展的眼光看待孩子，发现他们的优势并予以鼓励和肯定，能够提高孩子的自尊、自信和自我效能感，从而能在不同环境里积极适应、心态平和地工作和生活，为孩子一生的幸福健康奠基。

最后与各位家长共勉：孩子的成长需要陪伴，需要高质量陪伴。

在《朗读者》节目里主持人曾说："陪伴很温暖，它意味着这世界上有人愿意把最美好的东西给你，那就是时间。当然陪伴也是个很平常的词，日复一日，年复一年，到最后陪伴就成了一种习惯。"

小孩子最喜欢的陪伴是什么？当你为他做些什么的时候，他是最幸福的。若将带孩子到五星级宾馆吃大餐与带孩子到游乐园玩相比较，那一定是去游乐玩园能更让孩子感到幸福，因为去游乐园玩是陪伴他做他喜欢的事。

陪伴孩子要趁早，因为你能陪伴孩子的时间很短暂。孩子长大后，可能会离你越来越远，即使你想要陪伴，他也不一定要你陪了。

父母能给孩子最好的教育，莫过于夫妻恩爱、家庭和睦和高质量陪

伴，这才是教育回归家庭的真正内涵。焦虑对你的孩子没有好处，减轻你的焦虑，反而对孩子有好处。家长自己如果成长得好的话，就能对孩子施加积极的情绪影响，这是对孩子成长最有利的。

各位家长朋友，让我们与自己和解，与焦虑和解，多给孩子传递一些稳定的情绪，全心全意地爱孩子，给予孩子幸福感，让孩子拥有爱的力量。

父母教育观念不一致怎么办

家庭中，父母的教育观念将直接影响孩子的成长。现阶段父母的教育观念会受到诸多因素的影响而产生分歧，这种分歧对孩子的危害是极大的。很多孩子在父母那里获得的教育观不一致，导致其思想产生偏颇，容易做出情绪化的行为。父母在教育观念不一致的情况下，容易产生情绪上的争吵和意见的不合，最终会演变成家庭矛盾，这对孩子的成长是极为不利的。家庭教育观念决定孩子的成长，而父母由于原生家庭和教育环境的差异，部分教育观念会有所不同，这种不一致的情况是常见的。在家庭教育中，父母应充分考虑教育观念不一致给孩子带来的危害，并通过家庭指导教育对策来减少教育观念不一致带来的危害。

一、父母教育观念不一致的危害

1.父母教育观念有分歧，孩子错误站队影响成长

绝大多数父母在教育观念上是有一定分歧的。这种分歧短期来看只是日常教育方法上的互不理解，而长期来看就是教育错误观念的积累。

很多孩子思想游离于父母的两种不同教育思想之间，往往会采取特殊的方法来进行自保，就是错误地站队，即孩子会为了满足自己的一些私欲，或者是成为父母某一方的支持者而自保，企图用这种方式来暂时解决教育分歧。在绝大多数父母的教育观念产生分歧的时候，孩子会本能地选择其中对自己有利或者亲密的一方来站队，企图结束这种对立关系来保护自己，或者是为了让父母之间减少摩擦，而企图做和事佬。孩子本身是没有错的，他们对事物和观念的理解是缺乏经验的，此时他们心里唯一的解决办法就是通过站队来保持一个完美和谐的家庭。

而有些父母在教育观念有分歧的情况下，往往想要通过拉拢孩子的方式来证明自己是对的，这种方式既伤害到了配偶，又对孩子的成长产生了极为不利的影响，孩子在这期间可能会养成一种极度自私或者过度压抑自己的性格。而面对这种教育不一致，大部分父母会通过指责和控制孩子来与另一方形成对抗，最终这种指责长期积累，就会形成矛盾，对孩子造成伤害。孩子总是压抑自己的情绪来迎合父母中的一方，更甚者会因为自己是非观的不足而产生双重人格。此时，父母反而会把自己置身事外，企图运用指责孩子的方式来掩盖双方教育矛盾所带来的错误。孩子变成双面人的最终原因就是父母之间的意见冲突。这种冲突除了存在于父亲和母亲之间，还存在于年轻父母与祖辈之间。相比而言，后者的冲突更大，产生的不利影响也更为严重。

2.父母威信难以建立，不利于正向引导教育孩子

当下的家庭教育观念容易受到不同风俗、不同习惯、不同教育环境、不同生长环境的影响。许多父母由于在输出自己教育观念的时候，经常通过贬低另外一方来建立自己的威信，导致双方在教育观争论的过程中互相贬低、彼此否定。孩子作为争论的中心，会在这种教育观念的争论过程中对父母产生一种怀疑。这种怀疑的产生，往往来自内心世界

的变化，父母极难发现，而长期处于这种状态的家庭中，孩子会持续性地对父母产生怀疑，产生不信任，最终父母的威信就会降低。孩子怀疑父母的教育观念成为常态后，就会以自己的行事风格为准，以自己的状态为先，去否定父母提供的双重选择，进而导致不信任父母的想法，不采纳父母的意见，不服从父母的正确领导，不接纳父母的帮助，等等。

由于父母威信一再降低，教育力度、教育效果就会大打折扣，最终影响了孩子的健康成长，孩子的性格也会从温和理智转变为叛逆无常。家庭教育意见不一致所造成的威信降低，不仅会作用于孩子的性格上，还会作用于孩子的品行上。如果孩子把父母的争吵视为常态，那么父母就应该反思自己的行为是否正确了。身为父母爱孩子的心是一致的，但是，有争论、互相否定也是事实，这种互相否定式的教育模式长期存在，既会消耗父母的耐心，又会降低孩子对父母的信任程度。

3. 父母经常发生争吵，造成家庭氛围紧张

很多父母都会发生一些争吵，这是很普遍的。对于教育观念的不一致，绝大多数父母喜欢通过争吵的形式来坚定自己的教育观念，也会通过争吵的方式来判定自己在家庭中的地位。父母争吵过程的持续性是变化无常的，有的争吵当时就可以解决问题，有的争吵则持续好几天后转变为冷战，等等。后者长此以往，就会导致家庭氛围紧张，也容易影响孩子的情绪。受原生家庭思想和教育的影响，许多父母在教育孩子的过程当中极容易产生一些分歧，更严重的情况会导致一些对抗。孩子作为父母之间的联系，极容易受到这种对抗关系的影响，而孩子作为家庭的弱势方，往往会成为父母矛盾的最终承受者。

长此以往，极容易对孩子的身心造成严重的伤害。部分父母会把争吵后的情绪发泄在孩子身上，有些父母会在争吵过后把孩子作为争吵的原因去指责，去伤害，也有父母在争吵过后会采取冷处理的方式。这几

种方式无疑都会造成家庭氛围紧张，有的孩子会束缚自己的行为或者逃避这种状态来避免伤害，有的孩子会勇于去调节氛围，企图缓和父母关系，但绝大多数父母由于长期高高在上，不接受孩子的想法，最终导致这种调节效果微乎其微。

二、父母教育观念不一致现状下的家庭指导教育方案

1. 教育方式不一致时，避免过度指责孩子

父母应重视教育观念的一致性，如遇到教育方式不同时应规范自己的行为，把观念集合在父母周围，而不是延伸到孩子的身上。很多父母去指责孩子，是因为孩子并没有站在自己一方，或者是孩子站在自己一方后，却无法完成自己的教育观念导致自己的教育观念失去证明。绝大多数父母都不知道，孩子之所以站在其中一方，往往是因为自保或者是满足自己的需求。父母如果在教育观念不一致的情况下，要以指责孩子的方式来解决教育矛盾，就会对孩子的身心造成非常不利的影响。此时，父母应规避自己行为中的情绪化表现，尽量保持冷静和理智，来避免一些指责行为的发生。孩子的选择和行为往往体现了教育的直观成果，如果孩子的表现并没有满足父母的教育观念需求，父母此时应通过及时的交流来了解孩子的困难，帮助孩子解决相关的问题，而不是通过过度指责的方式来加大孩子的学习压力。父母的观念不一致，是父母的个人问题，而不应该延伸到孩子的身上。

例如，年轻的父母在教育观念上往往更为先进。当孩子无理取闹，企图通过撒娇来获得某样东西的时候，绝大多数爷爷奶奶都会满足孩子的要求，过分溺爱孩子。而父母往往会采用一种严厉教育和规劝的方式，让孩子不去这么做，避免过度溺爱孩子导致孩子过度自我。而面对父母与长辈之间的教育观念不一致，很多孩子为了满足自己的愿望而站

在老一辈那边，逃避父母的教育。绝大多数父母会采用指责的方式来教育孩子，孩子在听了一些指责过后会导致情绪上的失控，而长辈则会以教育过分为理由，与年轻父母产生冲突，孩子在两者产生冲突时，就会不知所措，甚至产生负面情绪。由此可见，过分的指责对于教育观念不一致来说并没有什么纠正作用，只会加深家庭矛盾，从而对孩子产生不利的影响。因此，在这类事件的处理上，父母不应该以指责教育为主，而是应该以劝导教育为主，把教育观念的问题集中在长者的身上，而不是通过指责孩子来纠正长者的错误教育观。父母应该明确制止孩子的贪婪行为，通过引导的语言教育来疏导孩子内心的困扰。父母与老一辈之间应该认真交流详谈，以消除过分溺爱给孩子带来的危害。

2. 尽量达成教育共识，共同努力教育孩子

在家里，父母常因为对孩子行为习惯、学习方法等的教育而发生争吵，原因是双方的教育思想和方式都存在很大不同。教育也讲究求同存异，绝大多数父母在求同存异观念上认识多有不足，容易产生矛盾。此时，父母应把教育观念摆在明面上，互相讨论，并针对相关问题进行折中处理，达成正确的教育共识，以避免在出现冲突的情况下教育孩子。达成共识的方法是学习正确的教育理论，并在实践中充分地尝试和纠正，规避错误，把教育变成共同努力，而不是通过各自的教育来分化孩子的思想，让孩子选择站队。

例如，在教育过程中，父母如果对相关问题产生了分歧，不要马上下结论，也不要通过争吵和贬低对方来占据上风，而是要把问题摆在明面上，查询相关教育资料或者讨论同一件事上的教育观点，也可以听取第三方的意见。比如，对于孩子完成作业速度慢，拖到很晚，是先睡觉还是继续完成作业的问题，父母往往会因为教育观念不同产生分歧：一方认为，教育应该有始有终，学习应该积极主动，而不是一拖再拖；

另一方则认为，身体比学习更重要，不应该牺牲孩子的睡眠时间。针对这个问题，父母双方应努力达成共识，通过协商的方式，让孩子能够获得喘息，而不是以压迫孩子做选择的方式逼迫孩子去选择其中的一种方式。正确的教育方法是父母应针对这个问题进行讨论，提出一个可行的解决办法，如晚上先睡觉，然后明天早点儿起来，把剩余的作业写完。父母先完成今晚的工作，明天再讨论孩子的教育问题。父母要寻找这次作业没写完的主要原因，是作业太多，还是孩子自己拖拖拉拉的不良习惯造成的。在达成共识后，父母双方共同探讨一个督促孩子积极写作业、快速写作业的方法来达到快速完成作业，保障足够睡眠的要求。这期间，父母作为主要教育引导者，要以达成教育共识为目的，而不是把压力转移到孩子身上，应该共同努力，运用正确方法教育孩子，而不是让孩子去选择一方来解决教育问题。

3. 允许孩子参与讨论，营造温馨家庭氛围

在孩子的教育问题上，父母应把孩子作为主体，以孩子为本进行教育讨论，而不是把孩子排除在外，以父母的观点为主来讨论教育观念。很多家长在教育过程当中不允许孩子参与讨论，这就导致一些教育办法其实并不适合孩子，也无法与现阶段孩子的能力相挂钩。此时，家长应允许孩子参与教育观念的讨论，让孩子的想法得到表达，这不仅有助于家长规避教育观念中的错误，还可以让家庭的氛围更加温馨，更加开明，更能够达成教育的目标，避免教育冲突和主观臆断带来的紧张家庭氛围。

例如，在讨论孩子的课外兴趣活动的时候，家长应允许孩子参与讨论，而不是以家长的视角去探讨孩子应该去参加什么兴趣活动。家长可以通过向孩子介绍体育运动和文艺爱好的方式，让孩子去了解相关的兴趣活动，并通过尝试来明确自己感兴趣的内容；或者让孩子直接提出自

己感兴趣的内容作为参考，让这种交流和互动带动家庭和谐与温馨的氛围，而不是家长独断专行地决定孩子的未来走向。同时，在面对教育观念不一致时，家长应主动地倾听孩子的心声来决定教育观念的走向，而不是通过争吵和发泄来企图占据上风，这种方式容易失去孩子的信任，也容易对家长的威信造成影响。

4. 注意运用多样化手段，在家庭里寓教于乐

教育观念应以多样化的教育手段来进行和谐处理，而不是把教育观念强行固化地灌输给孩子。父母之间、父母与长辈之间，极容易在教育观念上产生分歧，而此时，严肃的教育环境容易让孩子产生心理压力，对其成长产生不良影响。父母应运用多样化手段，趣味化教学的模式来深入挖掘教育观念中的正确理念，达到求同存异的目的，对孩子产生更加积极的影响。

例如，在学习压力下，孩子极容易产生疲惫和逆反心态。此时，家长应运用多样化的教育形式来疏导孩子的学习压力，让孩子建立正确的学习心态，帮助孩子走出压力的阴影，使正确的教育观念得到积极的传达。

再如，父母可以利用休息时间进行一个亲子游戏，把自己的想法通过游戏传达给孩子，也可以通过家庭阅读的形式，引导孩子去正确理解，而不是采用强行灌输的方式。

5. 父母注意教育语言，让孩子感受到关爱

父母总是高高在上，总是严肃认真，长此以往极容易导致孩子与父母之间产生隔阂，无法交流。父母应通过温和亲切的语言环境让孩子感受到一种关爱的氛围，避免过分严厉所带来的教育压力。父母即使教育观念不一致，也应该运用文明的、关怀的语言去进行交流，让孩子感受到虽然父母教育观念不一致，但是父母依然用温情去感化对方，而不是

通过争吵来达成教育的和解。

　　总之，多数家庭的教育观念或多或少都有差别，这种差别体现在长辈与年轻父母之间，也体现在父母之间。年轻父母应正视这种教育观念的问题，通过家庭指导教育的方式去强化教育的温度，减少分歧带来的伤害，让和谐温馨、充满关爱的家庭氛围提升孩子的归属感，为优质家庭教育环境的打造提供条件。

如何应对"父亲缺位"现象

全面两孩政策、三孩政策引发的社会现象诸多且凸显，尤其是在生育率严重负增长的趋势下，伴随着年轻人对婚姻、子女等新时期价值观和教育理念与中国传统家庭教育、父母角色的教育冲突断层，导致"中国缺少的不是孩子，而是父亲！""父爱缺乏症正在腐蚀中国式现代化发展！""生在完整家庭得到的却是丧偶式教育""中国孩子普遍缺乏男性应该具备的性格"等饱受争议的现实社会话题和教育问题，受到教育界、社会性专家以及心理学家的普遍重视。

有的妈妈会说："虽然我在家庭陪伴和教育上，占据主要位置，但是我坚信我的教育方法比较科学，我的孩子是全面发展的，并没有受到'父亲缺位'带来负面的影响。可能孩子就是'认生''黏人''内向'，长大就好了，中国几百年都是母亲在家庭教育中的角色比重大，不也一代代繁荣昌盛吗？没什么大惊小怪的，孩子们步入社会，会变化会成长的。"你如果也这么想，那就错了。

一、对"父亲缺位"现象的分析

从专业的角度，不同领域的专家学者以及科研院校，对于"父亲缺位"导致的家庭教育的负面影响达成共识。中国青年发展中心副主任孙云晓曾经说过："缺乏父母的教养，是我们国家青少年的一大暗疾。"相关统计数据显示，60.7%的人认为目前的家庭教育中出现了"父亲缺位"的问题。人民日报也刊文称："中国最需要教育的不是孩子，而是爸爸！"这种负面影响不是短暂的，也不是表象的，甚至可以说是不可逆的，对个体的影响会连带到社会以及文化、历史、科学的走向。网络和中国文学，都宣传"女子本弱，为母则强"。其实，这完全是一种道德绑架，喝了这碗"毒鸡汤"的妈妈们普遍生活得很累，难道男子本强，为父则弱吗？

在生活中稍加留意你会发现，无论是在家里或外面，和孩子在一起密切接触的绝大多数是妈妈或者是家里的老人。小区花园里放眼望去，很多妈妈带孩子散步，陪孩子骑车、玩游戏；幼儿园门前妈妈接送孩子，参加家长会，跟老师沟通；给孩子买衣服，准备生活用品，带孩子看医生的也常常是妈妈。为什么在国内很难看到父亲单独陪伴孩子的场景呢？数据显示，无论是离异家庭还是完整家庭，父亲对孩子教育的投入时间，与孩子的交往时间，都普遍少于母亲。80%的父亲认为自己工作忙，没有时间照顾子女，下班回家后却埋头于游戏与手机，逃避自己身为父亲在家庭中要扮演的角色和该承担的责任。而随着社会对女性的期待越来越高和经济压力加大，大多数女性在当妈妈之后快速脱胎换骨，家庭事业兼顾，在职场打拼一天回到家要完成大部分家务和照顾子女的任务，甚至在经济上提供更多资源的女性也不例外，不平衡的家庭和教育观念使得暴躁的母亲随之产生，"假性"父亲缺位也成为社会普遍问题，甚至波及婚姻幸福和生育率。

二、如何应对"父亲缺位"的现象

1.学习科学教育理念，提升父亲的角色认知

现代社会中，每个爸爸都应该在自己的孩子诞生之后，有一个正确的自我定位，乐于参加家庭教育，通过图书、网络等方式，提高对子女教育方式的认识，树立科学的教育理念。在闲暇之余，父亲应多和孩子进行沟通；当孩子有进步的时候，父亲应多鼓励孩子；当孩子犯错误的时候，父亲应及时给予纠正，并给予适当的处罚，尽到一个父亲的职责。父亲与母亲一起教育孩子，形成一个相辅相成的"双系抚育"的教育方式，这样才能让孩子更好地成长。

2.在孩子面前树立父亲的威信，展现父亲权威：爱与敬

母亲一定要在孩子和父亲中间起到一个沟通桥梁的作用，让他们彼此更爱对方。母亲可以告诉孩子，父亲为了我们生活得更好，在外面辛苦工作，即通过背后语言塑造父亲的威信；父亲也不要盲目建立自己的权威，应每天与孩子沟通交流，介入孩子的生活与心灵，在表达对孩子的情感时要明显，尊重孩子，从而让孩子热爱这个世界。

3.和孩子一起进行亲子阅读、游戏、运动

可以尝试给孩子讲内容和爸爸有关的书，以改善亲子关系，如阅读《我爸爸》《给爸爸的吻》《世界上最好的爸爸》《我的爸爸叫焦尼》等书籍；多和孩子进行亲子游戏，让孩子从游戏中得到有效锻炼，这样既有助于孩子的运动和智能发展，又能让孩子感受到父亲对自己的关爱。创办了Facebook的爱德华·扎克伯格在接受采访时多次表示，父亲爱玩、会玩的性格，给自己带来了十分积极的影响，正是因为有这样一位父亲，他才能保持积极的探索欲，取得如今的成绩。父亲在自己锻

炼身体时带孩子一同去运动，既可以让孩子得到锻炼，又实现了亲子陪伴，一举两得。

4. 要做一名言传身教的"学习型"父亲

对于孩子而言，父母不仅是第一任老师，也是一辈子的老师，无形中，孩子会将家长作为榜样。身为父亲，教育孩子除了要"言传"之外，更要"身教"，让自己成为孩子的优质榜样，起到潜移默化的影响，使孩子变得更优秀。李玫瑾教授是一位教育方面的权威，她曾说过一句话："女孩子如果有一个出色的爸爸，就绝对不会早恋。"父亲的爱，让她有一种安全感，让她很难被人的体贴和温柔所迷惑。所以，父亲要做好表率，不能将自己没有实现的意愿强行灌输到子女身上，要给予子女充分的安全感，做一位言传身教的"学习型"父亲。

5. 采取科学途径弥补父亲的被动缺位

当然，"父亲缺位"的现象除了上述主动缺位以外，还存在着不可抗力的被动缺位。例如，单亲家庭、在外务工甚至是伤病等原因是无法采取主动优化措施进行弥补的。母亲应该根据实际情况，采取科学的途径进行弥补。

首先，不管是离异还是其他原因形成的单亲原生环境，母亲都应该摆正自己的"愧疚"感，不要把过分弥补的情绪"溺爱"化，以免让孩子形成"单亲家庭"是对我的亏欠，母亲甚至同学、老师和整个社会就应该"让着我、弥补我的精神和物质需求"的心理，这种"倒吸"思想很容易形成反社会人格。

其次，离异的单亲家庭，母亲应该允许和支持孩子和父亲见面，并且不在背后指责父亲，为孩子尽量提供良好的父爱环境；如果父亲已经去世了，可以积极调动生活中的性别资源，让孩子与男性亲属多相处，得到类似于爸爸的爱，从而让孩子更了解男性的品格、性格、生活方式等，丰富孩子的人格特质。

再次，母亲可以鼓励孩子参加各种集体活动，让他们有机会与同伴一起游戏、交往，从而提高他们的人际交往能力，形成合作、支持、帮助等亲社会行为。同时，单亲母亲应与孩子建立良好的亲子关系，勇敢地告诉孩子真相以及面对的困难和需要的帮助，因为孩子比我们预想的要坚强、乐观甚至成长迅速。父亲缺位的不良影响可以通过母子关系的质量得到调节，母亲可以采用情感温暖、理解为主的积极教养方式，为孩子创设和谐宽松的家庭气氛，让孩子承担一定的家庭任务。共同分担的"生存积累"能帮助孩子减少不良行为问题的发生，甚至让孩子更具担当和勇气。

最后，母亲可以采取资源借助的方式，保持与学校的沟通，利用校园环境适当地"弱化"父亲缺位的孩子的自卑感，既要不伤害孩子自尊，潜移默化，又应该掌握平衡的度，减少校园霸凌等极端情况的发生。有条件的单亲母亲，还可以借助科学的心理咨询途径，配合文化暗示，如参加搏击训练、体育特长项目，有意识地观看弥补父爱缺失的引导性书籍和影视剧，进行文化精神渲染。

6.改善母亲强势导致的"假性"父亲缺位

中国家庭大多数"父亲缺位"现状，是强势妈妈带来的"假性缺位"。这种强势分为主观性格因素和被动负面环境因素。主观性格方面，如果家庭中母亲的性格比较强势，无论是家庭地位还是经济地位，都凸显父亲的懦弱，使得父亲"阴影缺位"，对于教育不敢插手。我们建议母亲应该在意识上充分认知到父亲角色的重要性，可以参加一些主题课堂，接受科学的培训和方法辅导，逐渐提高父亲的地位和参与权；避免出现贬低父亲的现象，为孩子树立积极正面的父亲形象。例如，可以让父亲多出席孩子的重要时刻，让父亲在一些家庭决策中发挥主导作用，尤其是在孩子面前认可父亲，突出其优点，让孩子看到父亲的光环，产生靠近父亲学习父亲的意愿，弱化"阴影缺位"。

那么，如果是在被动负面环境影响下时不时暴躁的强势母亲，更应该改进的则是隐形的男方。性格暴躁的假性强势就是母亲承担太多，没有人分担。当母亲生活的重心完全围绕孩子和家庭，遇到事情没有人商量只能自己做，一天24小时几乎没有自己的自由时，那种烦躁、郁闷，只需要一句事不关己的风凉话就能被点燃。上天给了你一个缺席的父亲，就会赠予你一个焦虑的母亲，最终会养育出一个失控的孩子。近期一个二胎妈妈猝死的新闻让人很是唏嘘：照顾两个孩子，好不容易孩子睡了，妈妈有了自己的时间，拿着手机逛逛淘宝买的还是孩子的东西，她就这样过度疲劳，突发心源性疾病猝死。父亲们应该体谅自己的爱人，多替妈妈们想想，做家务的时候搭把手，带孩子的时候参与进去，轮流辅导孩子写作业，赶走妈妈的焦虑和负面情绪。这样你会发现，那个温柔的妻子又回来了！这不仅能提升孩子的幸福感，还能使婚姻和谐美满，同时将自己的缺位弥补回来。习惯成自然，只有迈出第一步，形成行为惯性，将教育孩子当作自己的任务和工作，才能不断挑战、成长、学习和收获。通过行为胜利获得自豪与成就感，能够侧面激励父亲在事业上和感情中的自信心，这是极具正能量的社会趋势。而母亲应该停止抱怨，以退为进，增进夫妻感情，营造温馨的家庭氛围，可以把自己的无助和内心的纠结，与孩子父亲坦诚地进行沟通。新手妈妈可以早点儿连接孩子和爸爸的感情，从出生起就让爸爸一起带孩子，感情是需要亲密接触的，亲子关系也一样。父亲复位的积极性和熟练程度，很大程度上是由聪明的母亲带入的，有时候"偷懒"和"示弱"是母亲的法宝。

翻阅众多名人自传，我们会发现，他们的背后都有一位强大的妈妈。贝多芬之所以成为欧洲著名古典乐作曲家，是因为他有一位慈爱坚忍的妈妈；爱迪生之所以成为闻名全球的发明家，是因为他有一位自信、自强、引领他探索未知领域的妈妈。爱迪生曾无限感慨，没有他的母亲，就不会有他的任何发明。当所有人都把他当成"奇怪"的小孩时，只有他的妈妈没有质疑他，反而帮助他去找寻世界上所有的"为什么"。所以，父亲缺位并不一定就注定了孩子只能有一个破碎的未来，如果妈妈的身心足够健康、独立，就足以给孩子带去充满正能量的未来。

总之，中国大部分家庭的教育理念，受传统思想的制约，加之市场经济条件下的工作生活压力，导致了"父亲缺位"现象的出现。父亲对子女养育教育的投入不足以及对子女成长的参与度不足，不但会导致子女自身的成长发展存在不足，还会对家庭氛围的温馨和睦、家庭关系的友善和社会的平安稳定构成挑战。一个父亲，一定要对自己的身份有一个清晰的认识和定位，了解自己的角色内涵和职责，把做"父亲"当成一项事业去成就和成长，从细节和基础工作做起，提升自己的教育占比和角色功能，为了下一代优秀的综合素质和全面健康心理性格的塑造，担负起自己本应肩负的职责和使命。而作为母亲，也应该给予父亲合理的资源支持和展示父亲复位的条件，不要一味地背负和隐忍。同时，母亲要认识到，即使是被动缺失的父亲角色，在科学合理的策略下，也能充分地对孩子性格和行为进行纠正。

愿每一个孩子，在成长的道路上，都能被正确引导，弥补父亲缺位带来的负面影响，心理和身体上都健康发展，成为未来社会的栋梁！

孩子遇到问题，如何与老师沟通

很多家长一见到老师就紧张，这可能是童年时期对老师的敬畏印在心底造成的。所以，当孩子在成长的过程中遇到问题，需要家长与老师沟通时，家长往往不愿意或者不知道如何与老师沟通。

小明二年级了，一直没有养成好的学习习惯，特别是书写，字写得歪歪扭扭，笔画连在一起，写出格子。老师多次对他进行手把手的指导，但一直没什么改观。小明的妈妈与老师约了放学的时间沟通。

到校之后，小明妈妈开始紧张，差点儿忘记了要和老师聊什么。在与老师交流时，小明妈妈又习惯性地打断老师的话，强调自己的教育理念——孩子要在童年时自由洒脱一些，长大后才会有阳光的性格；不能对孩子进行批评打压，要鼓励、表扬，培养孩子乐观的性格……滔滔不绝说了一通后，老师都没办法完整表达自己的想法。直到小明妈妈意识到自己话太多停下来后，老师才给出一些建议。

回家后，小明妈妈第一天采用老师给出的建议，但孩子一叫苦叫累，她就舍不得了，第一晚就放弃了所有的改变，一切又回到原来的样子……

如何缓解见老师的紧张感？与老师沟通时要注意什么？如何让沟通成为助力孩子成长的催化剂？我们一起来聊一聊。

一、如何缓解见老师的紧张感

见老师，一直是家长们最敏感的话题：老师会如何看待我的孩子？老师会提出怎样的批评与要求？老师会不会不喜欢我的孩子？等等。总之，童年的记忆加上对老师的未知，会使家长们怕与老师见面、沟通。所以，我们建议家长们在见老师之前需要做好以下的准备工作。

（一）厘清角色定位

在孩子成长过程中，家校双方的角色定位一直是最需要把握却又最不容易把握的。现实中，有以下几种常见的角色定位。

1. 老师是神

在一些家长心目中，老师就是神一般的存在，老师讲的都是对的，老师是高高在上、不可逾越的。相比之下，家长认为自己就是卑微的、听从的角色，自己和孩子有很多地方做得都令老师不满意。所以，这种角色认识下的"见老师"自然就是如履薄冰的。

2. 老师是人

有些家长认为老师就是一个日常接触到的普通人，没什么特别，就是顺手带带孩子而已。他们对老师既没有敬畏，也没有特别尊敬。所以，他们不会主动去见老师，老师约见时，有空就去，没空就不去。

3. 老师是谁

也有一些家长，因为自身学历、职位、经济实力等远远高过老师，认为自己更懂教育，所以就不把老师放在眼里，别说尊重了，就连信任都不存在。他们觉得老师需要学习、提高的东西很多，自己文化素养比老师高，社会地位比老师高，经济实力比老师强，角色定位自然就比老师高，所以面对老师就会指手画脚，指导老师应该如何教育孩子。

以上的角色定位，均不是最合适的角色定位——不管是对自己的定位，还是对老师的定位。

家长的角色，应该是孩子成长的第一负责人、第一任老师。到了学校后，老师是孩子成长的引路人，也是"教育教学"的专业人士。作为家长，不管学历多高，职位多高，经济实力多强，都要相信"闻道有先后，术业有专攻"这一古训。家长要积极摆正自己"家长"的角色定位，在孩子成长时，给孩子做好学习、生活的榜样，引导孩子养成好的生活、学习习惯，教给孩子与他人相处之道，更重要的是，要给孩子做好"尊师重教"的示范。

（二）充分了解孩子

孩子从小是家长们自己带大的，他们怎么可能不了解孩子呢？理论上是这样，但是，孩子慢慢大了之后，有一些自己的想法、秘密，交了不同的朋友，做了不同的尝试，慢慢地，家长可能对孩子的了解就不如小时候那么多了。特别是当孩子遇到问题时，孩子心里的自我防御机制可能就会被激活，可能会有选择地与家长沟通。

所以，充分了解孩子，是与老师沟通之前需要做的事。家长应通过与孩子交流，更多地了解孩子心里的想法，或者从班级群、孩子同学、其他家长那里以及与老师平日的沟通等多维度地建构起对自己孩子的更真实的认知与了解。

1. 了解孩子学习状况

孩子的学习状况包括学习的习惯养成、学习方法的掌握，对学习的兴趣，课堂上听课的状况，作业完成的情况，对学习的态度，主动学习的积极性，等等。

2. 了解孩子的人际关系

了解孩子的人际关系包括：了解孩子在学校时与同桌、同学相处得如何；是否交了很多朋友；与他人发生矛盾时处理的办法如何；孩子对老师的认知是怎样的；与老师的关系如何；孩子在家庭、小区、兴趣班等地，与家人、他人相处如何。

3. 了解孩子的规则意识

了解孩子的规则意识包括：了解孩子在学校时，对校规校纪、班规班纪、课堂常规的了解与遵守；孩子在校外，对社会上的规则遵守情况，如交通规则意识、文明礼仪意识、尊老爱幼意识等。

（三）充分了解学校及老师

我们也应该尽可能多地了解孩子上学的学校，了解学校的办学风格，了解学校的整体风气、教师特点、当地站位等。充分了解学校，有助于结合孩子的特点、特长，给孩子选择更适合的发展、展示平台。

同时，我们要多接触老师，多了解老师。每位老师都有自己的教学风格、性格特点，有的老师严格些，有的老师温柔些，有的老师细致些，有的老师豪放些。对老师有充分的了解，可以让家长在与老师沟通时更清晰地明白老师的意图，也有助于家长更好地向老师表达自己的想法。

二、与老师沟通时要注意什么

生活中，我们时时处处都会有与人沟通的需要。在家与家人沟通，在单位与同事、领导沟通，在外面与邻居、陌生人沟通，面对不同的人，沟通的方式与内容都有不同。与老师沟通，家长要注意些什么呢？

（一）确立合适的立场

人在社会中，与任何人交往都会在心底自然确立自己的立场，面对领导，自己是下属；对面妻子，自己是丈夫；面对孩子，自己是父亲……这些立场一般是不会有太大偏差的。只是面对老师时，立场可能会有不一样。

1. 老师是教育孩子的第一责任人

持这种立场的家长，在和老师沟通时，会更多地考虑老师的责任，而忽视自己作为法定监护人的责任。在这种立场下，沟通则会变得异常艰难。当孩子出现问题时，家长想的是老师应该或可以在学校怎么做让孩子的问题得到解决，认为孩子出现的问题是老师的责任，而没有想到"子不教，父之过"的古训。

2. 家长是孩子成长的唯一责任人

持这种立场的家长会认为"我有我的教育理念"，老师不能干涉；也可能会认为，学校教育有很多的诟病，自己崇尚"更自由、舒展"的教育理念。在这种立场下，沟通就会成为两条平行线，永远找不到共同的点。

3. 老师说的都对

家长自己对教育孩子没有想法，或没有好的办法，凡事都听老师的，凡事都需要老师给出明确的方法，自己没有主见，也没有见解。其实，家长才是最了解孩子的人，老师看到的更多是"现象"，而家长更应该能够看到"根源"。

所以，在与老师沟通的过程中，家长要确立合适的立场。首先，家长要明确自己是教育孩子的第一责任人，家长应该也必须扛起这个责任。其次，家长要相信老师的专业素养，虚心听取老师的分析与建议，再结合自己对孩子的了解，对孩子成长环境的熟悉，更多地向老师介绍孩子在校外的各种情况，以便给老师更多的参考。最后，除了老师给出的建议，家长还可以提出一些自己的想法，与老师建立良好的互动，使沟通更加高效。

（二）注意表达的方法

确立合适的立场之后，接下来就是与老师沟通时的表达方法了。家长们因为性格不同、成长背景不同、家长地位不同、社会分工不同等因素，每个人会有自己的表达习惯，如有的大大咧咧，有的温文尔雅，有的委婉含蓄，有的直接爽快。为了使沟通更加顺畅，我们可以这样做。

1. 表达问题时可以直接一些

对自己发现的孩子的问题，我们可以直接描述、表达，不转弯抹角。我们看到的、听到的、想到的有关孩子的问题，都可以直接和老师说清楚。

2. 听取建议时可以谦虚一些

当老师分析孩子的状态，提出自己的看法，给出改进建议时，我们要谦虚一些。耐心而又虚心地听取老师的建议，本身也是一种礼貌和素养的体现，也是对老师的尊重。在这样的沟通氛围里，老师就会知无不言，言无不尽。

3. 提出想法时可以明朗一些

家长对孩子的了解度更高，所以在与老师沟通时，可以在听完老师的建议后，表达自己的想法以及与之相关的原因。这样可以让老师从另外的角度认识孩子，从而给出更合适的建议，也能让老师更清晰地明白家长的想法、看法，以及家长的教育理念，方便老师因材施教、因人定策。

三、让沟通成为助力孩子成长的催化剂

沟通有时是为了释放，有时是为了表达，有时是为了吐槽……似乎说完了，就没事了，就释然了，就解决问题了。实际并不是这样。沟通是解决问题的开始，沟通应是孩子成长的催化剂。与老师沟通后，我们接下来要做些什么，才能让沟通更有意义呢？

1. 梳理沟通内容

在与老师沟通后，要立即梳理沟通的内容：针对孩子的什么问题，分析了哪些种可能的影响因素，提出了多少可以尝试的方法，给出了哪些针对性的建议，以及自己在与老师的沟通中，有什么样的思考与感悟……及时梳理，使沟通留下痕迹，让沟通定位方向。

2. 确定实践方法

梳理沟通内容之后，接下来最重要的就是确定如何去做了。孩子出现问题是正常的，明白了问题所在，该如何应对呢？结合老师的分析与建议，再根据自己家庭的实际情况，与其他家长共商应对策略。家庭硬环境需要做出怎样的调整，家庭氛围是否要有一定的改进，对于孩子的作息时间、饮食习惯、言行细节、做事风格等方面是否需要改变、强化或弱化，再制订家庭的、孩子的改进方法，做成表格或者计划书，贴在墙上。

3. 实施、反思、调整、实施

做事要有计划，更要有行动。在实施与老师沟通之后确定的计划书时，严格执行尤为重要。只有严格执行计划，计划才有意义。家长这时要杜绝一切可能出现的干扰，如孩子的不适、家人的不舍、自己的不能坚持等。同时，实施计划过程中的观察与思考也很重要，如改变是否过于急转、未设梯度，计划是否有不合适、不对症的地方，力度是否还可适当增加，等等。然后及时进行调整，再尝试落实。在这样的循环中，尝试、反思、调整、实施，使改变更适合孩子的成长规律，使沟通后的效果落到实处。

总之，当孩子遇到问题时，家长要把与老师的沟通当作一件重要的事情来做。把前期准备、中期推进、后期落实等工作都做到位了，效果就自然显现出来了。沟通，是解决问题最高明的方式；沟通，也是在教育孩子的道路上，家长与老师架起的有着共享目标的桥梁。

孩子刚入学，家长可以怎么做

作为一名即将步入小学的学生的家长，您焦虑吗？

在和家长的交流中，我发现一年级新生入学前以及刚入学的前两个月，其家长会特别焦虑。导致大家焦虑的因素有很多，如上学前要做哪些准备？每天在学校都会干什么？孩子能不能很好地适应小学生活……这么多的困惑，怎么能不焦虑呢？通过分析家长朋友们焦虑的因素，我发现，家长焦虑源于不了解一年级的学校生活，不知道该做什么。

现在，我先带各位"新手"爸妈们简单了解一下小学新生一天的校园生活。

早上一般8点左右家长把孩子送到学校门口，看着孩子走进校门，家长就可以放心地回家了。中午回家吃饭的孩子，家长准时来接，下午上课之前再送到学校；在校吃饭的孩子，中午不用接，老师会安排孩子们用餐。用餐结束后，小朋友根据值日表的安排打扫卫生，1点左右开始午睡，到上课前10分钟午休结束，根据时令的不同，具体时间会略有变化。下午两节课结束以后，一天的校园生活就结束啦！

了解了孩子在学校的生活，我们再一起聊一聊，从哪些方面去帮助孩子更好地适应小学生活吧！

一、亲近孩子，陪伴成长

教育孩子的基础和前提，是要善于了解孩子的情况。我们可以从以下三个阶段去深入地了解孩子。

（一）入学前要充分了解孩子

1. 了解孩子的性格

我的孩子是什么样的性格？内向型还是外向型？还是介于两者之间？关于孩子的性格特征，家长要进行分析：我的孩子偏内向不善于表达，进入小学以后跟老师和同学能不能大大方方地相处？我的孩子偏外向过于活跃，在学校能不能静下心来倾听老师和同学的讲话？这些都需要家长提前观察和思考，只有发现孩子身上存在的问题，我们才能在接下来的家庭教育和学校教育中找准发力点。

2. 了解孩子人际交往的能力

现在的孩子，基本上都是家里的"小霸王"，在家里，所有人都是以他为中心，每当孩子发言时，家长都会竖起耳朵当一名合格的观众，但是当家长说话时，孩子听不听都是随心而定，久而久之会让孩子产生一种错觉：你们都要听我的，我才是最厉害的那个人。但是，当孩子进入一个集体以后，他就没有这样的特权了，会产生一定的落差甚至出现一些偏激的行为。新生入学，能最快地适应新生活的孩子就是有一定的人际交往能力的孩子，他们会认识新的同学，结交新的朋友。家长如果发现孩子在人际交往方面存在一定困难，就需要采取适当的措施来帮助孩子克服这个障碍。

（二）入学初要主动关心孩子

刚刚经历过幼小衔接，大多数家长和孩子一整个暑假应该都在被汉语拼音折磨着吧，好不容易等来了开学，大家肯定迫不及待地想要放手歇一歇。我能理解家长想要放松的心情，白天孩子都在学校也确实可以放松一下，但是该花时间的地方我们不能偷懒。尤其是每天下午放学后，和孩子的基本沟通和交流不能少。在学校吃了什么？老师有没有批评你？我想这些是大多数家长都会问的问题，今天我们来尝试几个更有意义的问题。

1. 认识了哪些新朋友

如果家长是自己接孩子，放学的路上，可以问一问孩子今天在学校认识了哪些新朋友，如果和这位新朋友同路的话还可以一起同行，在观察小朋友交往的同时，家长之间也可以相互熟悉一下，交流育儿经验，相互学习。有些家长因为工作原因很少接孩子，那可以把这个互动环节安排在吃晚饭的时候或临睡前。通过和孩子的交流，我们每天都会对孩子有一个新的认识，有时他们的回答还会给我们带来意外的收获。

2. 喜欢哪些老师

我们知道孩子是非常感性的，有的时候会因为喜欢这个老师而喜欢一门课。我们可以在和孩子交流的过程中发现他喜欢什么样的老师，而这个老师身上又有哪些不一样的品质吸引着孩子，在今后和孩子聊到某某老师的时候，我们可以根据孩子的心理有意识地引导他发现老师身上的某一品质，从而让孩子喜欢上这个老师，对这门课程产生兴趣。

3. 学了哪些东西

小学刚入学阶段我们不需要过多关注孩子学习了哪些书本知识，正常情况下，开学前两个星期一年级都在进行常规训练，家长可以就孩子的常规习惯进行有意识的提问、辅助练习，根据孩子的表现及时地鼓励孩子前期养成良好的行为习惯，在日后的学习中一定受益匪浅。

（三）入学后要深入走进孩子的学校生活

开学一段时间后，我们需要全面了解孩子在学校生活的方方面面。

1. 认识孩子的朋友

开学初，我们大致知道孩子有了哪些朋友，一段时间以后，我们可以去熟悉这些"新朋友"，看看孩子为什么会结交这个新朋友，他们在一起都会玩些什么、聊些什么。在这个过程中，我们也可以更清楚地感知孩子的世界，了解这个年龄段的孩子的共同点是什么。了解孩子才能更好地教育孩子。

2. 参与孩子的活动

一年级的小朋友，刚刚入学，独立自主的能力还有待提高。所以，学校会根据孩子的年龄特点设置一些亲子活动，如亲子阅读、家长进课堂、家长志愿者等系列活动。建议有时间的家长可以多参加一些这样的活动。首先，家长参与到孩子在校的活动中，会对这一活动有更深入的认识，更理解这个活动的初衷以及它的作用；其次，家长能出现在学校的活动中，对孩子来说是莫大的惊喜，会起到榜样示范作用；最后，家长在活动中陪伴孩子，会让孩子成长得更快、更好！

二、走进学校，感受文化

（一）入学初要了解班级的文化、制度

每个班都会有自己的班级特色、班级文化以及班级制度等。每位班主任都有自己带班的风格和特色，自然在班级管理上就会有差异，家长会不自觉地把自己孩子的班级同其他班级对比，有家长满意本班级的管理，也有家长会吐槽。但是我想说，很多时候这些都是没有太大可比性的，因为每个人都有自己的风格特点，正因为班主任有自己的特点才能

带出一批有特色的孩子呀！作为家长，我们该做的就是了解我们班级的文化和制度，为了班级更好的发展跟其他家长、老师默契配合。

以我自己的班为例。我们的班叫晨夕班。当我知道要带一年级的时候，我就开始思考我的班名和班级文化，我想培养的是团结且充满活力的班集体，这也是我在班级文化建设上的方向和目标。晨夕班含义有三：①"晨夕"谐音"晨曦"，希望我的孩子们像初升的太阳般朝气蓬勃。②一天中，早晨太阳升起，傍晚夕阳西下月亮初上，象征日月同辉，希望在我们的共同努力下能够创造一个又一个新高点。③学习是一个坚持积累的过程，需要我们珍惜每一个朝夕。我们的班训：团结凝聚力量，信心源自实力。这不仅是一句标语，更是我们班级在日常学习生活中一直保持的班级文化传统。

（二）入学后要帮助孩子一起养成良好的行为习惯

一年级是各种行为习惯养成的关键期，所以要引起各位家长的高度重视。以睡眠管理为例，要早睡早起，坚持午睡，养成良好的作息习惯。

每年新生入学初期，都会有家长反映：老师，我家孩子从小就不午睡，如果他睡不着能不能让他看书？毕竟每个孩子都是不一样的，不能强制要求每个孩子都能午睡。针对这个问题，我提出了以下三个问题：

（1）孩子从小就不午睡，孩子现在有多大？这个不午睡的习惯已经到了根深蒂固不可更改的地步了吗？

（2）幼儿园时孩子每天几点起几点睡？一天的活动量和脑力活动有多少？小学以后孩子一天需要消耗多少能量？如果不午睡，下午孩子还有没有精力听课？

（3）绝大部分不午睡的孩子想干什么？真的想看书吗？我想不是。他们只是想利用这段时间来悄悄地玩。

关于早睡早起的问题，我通过和一些家长聊天了解到，家长每天也都让孩子早睡，可是孩子不听，不是玩玩具就是看电视，反正就是不愿意早睡。孩子毕竟还小，有些问题的重要性他们不知道。家长可以先把早睡早起的好处掰开了揉碎了跟他们讲，其实孩子是可以听进去一些的，在此基础上和孩子约定好每天几点关灯，到点家长就要督促孩子做到。根据孩子的表现，一段时间后，家长进行适当的总结和奖励，我相信孩子一定可以做到。

关于午睡，部分家长要调整自己，首先要相信孩子是可以睡着的；其次针对老师反映孩子不午睡的问题，家长要重视并配合老师一起帮助孩子培养午睡的习惯。我的班上有一个小男孩，他告诉我他在幼儿园从来没睡过觉。一年级上学期刚开学的前一个月，他也是不睡，没办法，后来我就搬个板凳去他旁边搂着他，第一次搂着他就睡着了。我大概搂着他睡了一个星期吧，后来基本上每天中午他都能睡着。坚持下去，相信每一个孩子都能养成良好的午睡习惯。

三、家校合作，互利共赢

（一）入学前要了解家校合作的重要性

苏霍姆林斯基曾说："没有家庭教育的学校教育和没有学校教育的家庭教育，都不可能完成培养人这样一个极其细微的任务。"这句话道出了家校合作的重要性。什么是家校合作呢？家校合作是指教育者与家长共同承担儿童成长的责任。众所周知，在对孩子的教育中，学校教育和家庭教育处于同等重要的位置。两者缺一不可，相辅相成。只有两者共同合作，齐心协力，才能够发挥教育的最大作用。

（二）入学时要配合老师一起进行家校合作共育

家长是孩子的第一任老师，教育孩子是家长的首要任务。现在很多家长由于种种原因疏忽了对孩子的教育，有的家长因为工作的压力，把孩子交给自己的父母管，有的是因为家庭不和睦没人管教孩子，还有的家长干脆把孩子寄宿在别人家里，这样使老师很难与家长很好地沟通。因此，我非常希望家长能认识到：教育孩子是为人父母的重要责任。

不要在孩子面前把老师说得一无是处。常言道：亲其师，信其道。老师肯定有其不完美的一面，家长可以私下向老师建议，但切忌在孩子面前诋毁老师，损毁老师的形象。

（三）入学后要积极主动地参与到家校合作中来

刚开学阶段，作为新手的小学生家长可能还不是特别清楚如何参与到家校合作中来，所以在入学初家长主要是配合老师一起进行家校共育。但是一段时间后，会明白家校共育的实质其实就是：家庭、学校共同教育孩子。家长平时要积极参与家庭教育，在学校要积极主动地回答问题、参与活动。通过参与家校活动，为孩子树立学习的榜样。下面列举三个很有意义的家校活动。

1. 家长进课堂

家长进课堂不是开门让家长听课，而是需要家长提前准备一节符合一年级孩子特点的课程内容。很多家长听到这儿的时候就开始忐忑、怀疑了。我怎么会给小朋友上课呢？我要讲什么内容呢？那么多小孩上课怎么管得住呢？

家长给一年级的孩子上课确实很难，但是如果去做了，在这个过程中家长会收获颇丰。我们在选择授课内容的时候，就会用心去了解现在一年级的孩子喜欢什么样的课程，什么样的教学形式才能激发孩子的学习兴趣，今后在引导自家孩子学习的过程中就更容易找到适合孩子的内容；家长走进课堂，除了可以观察到孩子各种听课姿势和效果，还可以更直观地观察到自己孩子在课堂上是一个什么样的状态，思考：怎样去培养孩子课堂专注力；家长在走进课堂，亲身体验过课堂秩序难把控后，将来在和老师的配合方面会更有默契，也更能理解老师，更好地实现家校沟通的目标。

2.家长分享会

平常的家长会都是老师讲，家长听，但是最近两年我开始尝试改变这种传统的模式。一场家长会，除了老师讲，更多的是要把发言权交给家长。

我们都深刻地感受到小孩子在家和在学校明显是不一样的，在学校因为有集体的约束力再加上老师的威严，孩子整体表现都会很不错，但是在家就各有各的姿态了。所以，有时候老师在学校了解的孩子还不够全面，在分享教育经验的时候，有些内容家长朋友可能觉得不是很受用，这个时候需要对教育孩子有一定方法的家长来分享他的育儿经验。参与家长分享会，家长一方面可以反思自己的育儿方法，另一方面可以通过自己的分享带动班级其他家长分享，促进班级更好地发展，为孩子们提供一个良好的学习氛围。

3.班群主人翁

小学低年级的班级群实质上就是家长群。很多家长认为这个群就是用来接收消息的，不能在里面聊天，不然会影响老师发消息，耽误其他家长看消息。首先，我对有这一想法的家长表示感谢，感谢大家能够设身处地地为他人考虑，相信这样的家长日后在班级的工作中一定会充分理解老师并配合老师。但我们也要知道家长群不只是用来传递消息的平台，更是家校沟通的平台。作为老师，和每一位家长面聊的机会不多，老师很多时候是通过家长群的聊天去熟悉家长。希望每一位家长都能把自己当作班级的一分子，积极参与到每一次的群聊中，在班级群多传递、分享一些正能量的东西。家长只有真正把自己当作班级的主人，才能去鼓励孩子在班级做小主人，积极参与班级活动。

孩子进入小学，是基础教育的开始，路还很长。我们都希望孩子能有一个幸福快乐又有意义的童年，请相信每一位老师会"把每一个孩子都放在心上""为孩子的幸福人生奠基"。期待我们坚定地一路同行，静待成长花开。

下 篇

子女的教育

第一章

爱的教育

如何对孩子进行感恩教育

感恩是处世哲学，是人生智慧，是每个孩子都需要培养的美德。心怀感激之情不仅有利于孩子的身心健康，还能增强他们的精神活力。对孩子进行积极的感恩教育，让他们自信、乐观，是培养孩子健康心理的基本要求。心理学家罗伯特·埃蒙斯（Robert Emmons）认为感恩能够增进彼此的了解，从而加深彼此之间的关系。

有研究表明，一个孩子如果在感恩的氛围中成长，那么将来无论面对多么纷繁的事物，都可以做到平心静气；一个孩子如果在感恩的环境里成长，那么将来即便对待最细小的事情，也可以做到认真、务实、从容。

相反，一个孩子如果不懂得感恩是很可怕的。莎士比亚在《李尔王》中写道："不知感恩的子女，比毒蛇的利齿更能噬痛人心。"因此，在家庭教育中对孩子进行感恩教育是为人父母的必修课。

那么，如何对孩子进行感恩教育呢？我们可以从心理学的理论和实践角度去理解和思考。

一、什么是"感恩"

对于什么是感恩这个问题，我们要"明确方向，厘清路径"。

"感恩"是个舶来词，古汉语要表达这层意思的时候，往往是将"感"和"恩"分开使用的，这或许是因为中国文化骨子里对情感的表达就比较含蓄吧。我查遍了身边的古籍诗文，直说"感恩"的几乎没有。古诗文中对"感恩"的表达常常比较委婉，如"鱼知水恩，乃幸福之源也""天意怜幽草，人间重晚情""谁言寸草心，报得三春晖"之类的表达，最直白的要算是"知恩图报，善莫大焉"一句了，但这句话说的是要"报恩"，和"感恩"似乎还存在着意义上的差异。

西方对"感恩"的表达要更直白一些。卢梭曾直言："没有感恩就没有真正的美德。"洛克也说："感恩是精神上的一种宝藏。"但追本溯源，东西方对于"感恩"的理解其实是一致的。

心理学的研究者给"感恩"下过很多定义，我个人比较喜欢积极心理学对感恩的解释——"因意识到被给予而自发认为是被恩赐或被爱，从而有感谢对方的意愿产生的心理活动或现实行动"。基于这个解释，至少可以有以下三点解读：

（1）感恩既可以是心理活动，也可以是现实行动。

（2）无论是心理活动还是现实行动，都源自有感谢对方的意愿。

（3）意愿的产生是因为意识到被给予而自发认为是被恩赐或被爱。

对这三点解读进行整理，"感恩"这一心理活动或现实行动的全过程至少应该包含由知恩到感恩再到报恩的三个阶段。"意识到被给予而自发认为是被恩赐或被爱"可以理解为"知恩"，"有感谢对方的意愿"可以理解为"感恩"，当这种意愿被付诸"现实行动"就可以理解为"报恩"。这三个阶段是我们对孩子进行"感恩教育"的三个方向。

因此，除"感恩"外，我们还要引导孩子"知恩"和"报恩"。

在家庭教育中，我们要想方设法教育孩子常有知恩之思，常怀感恩之心，常行报恩之举。

二、孩子为什么不会感恩

对于孩子为什么不会感恩，我们要"探寻病因，对症下药"。

1.家长事事包办做得太多，孩子不知"感恩"

大概是从20世纪80年代开始，中国的家庭开始"以孩子为中心"，家里大大小小的事情都是围绕孩子转。我们慢慢发现，家长为孩子做得越多，孩子越觉得"理所应当"。一个人总是理所当然于索取和得到，又怎么会萌发同理心？试想，谁会感恩一个在他看来是做了应该做的事情的人呢？不知恩者何谈感恩？

2.家长没有以身作则，孩子不懂"感恩"

萨提亚有一句名言：孩子没有错，如果错了，一定是父母的错。家庭生活中，父母的一言一行都是对孩子的言传身教。你在做什么，怎么做，都会深深地影响着孩子。作为家长，试问我们是否做到了心中有他人？我们能否对他人做到尊重、关爱？我们能不能常怀感恩之心，常有感恩之举？如果我们不能做出正确的示范，孩子便不会懂得"感恩"了。

3.家长关爱缺位教育失当，孩子不会"感恩"

有的家庭，父亲因经常不在家，对孩子的关心不够；母亲忙里忙外，对孩子耐心不够。试想，孩子在这样极度缺爱的家庭里成长，长大了怎么会有感恩之心？还有一些家长，对孩子爱的举动缺少必要的反馈，要么视而不见，要么选择推辞而不是接受。比如，孩子有时会把他觉得好吃的东西送到你的嘴边，你往往会推辞说不吃或不爱吃。推辞的次数多了，孩子就会在潜意识里觉得好吃的就应该是自己独享。这样的孩子，以后心里想的、眼里见的都是自己，又怎么会"感恩"呢？

4. 价值观念传递错误，孩子不想"感恩"

孩子的思想会受到父母价值观的影响。如果家长给孩子传递了错误的价值观，那么孩子也会有异常的表现。有的家长觉得亏谁也不能亏了孩子，所以孩子几乎是要啥给啥，就算是砸锅卖铁也要为孩子创造优越的物质条件，这无形中让孩子的"物质观""金钱观"发生了扭曲。他们觉得所有的一切都来得太简单、太容易了，就会漠视父母的辛劳。有研究表明，孩子的攀比心有时也来自父母。李玫瑾教授在《圆桌派》中说过这样一句话：孩子都是父母的折射，父母越爱什么，孩子的眼光就集中在哪里。过于敏感自卑或攀比心强的父母，容易培养出同样敏感自卑、攀比心强的孩子。孩子一心想着攀比，又哪有心思去"感恩"呢？

三、这些是感恩教育吗？我们要"总结经验，走出误区"

根据以往的经验，我们在实施感恩教育时常常会陷入一些误区。要做好感恩教育，以下这些情况就要努力避免。

1. 认为感恩是指向孩子的单向行为

我们都知道，教育活动是教育者与受教育者双向互动的活动，因而感恩教育的实施过程也应该是一种双向的互动。当孩子为我们做了一些力所能及的事时，我们也应当真诚地对孩子说一声"谢谢"，让孩子也体验到他人对自己的感恩，这才是完整的感恩教育。

孩子获得了父母的感谢，也会同样感谢疼爱他、尊重他的父母，进而会感恩老师，感恩每一个帮助过他的人。反之，如果一个孩子总是被单向灌输要感恩父母，可能会给他的心理施加了一种压力。他可能会因此产生愧疚心理，会自责，会因长期陷于不健康的心理状态之中而产生很多负面的问题。

2. 认为孩子不听话就是不懂感恩

有不少家长觉得孩子如果不听自己的话就是不懂感恩。其实我们可以反向思考，一个不听父母话的孩子可能更有主见，也许他们对自己的成长更有想法和目标。作为父母，我们要尊重孩子体验生命的权利，因为孩子能快乐自由地成长，就是对父母最大的感恩。

3. 把感恩教育简单理解为回报父母

大多数家长认为只要孩子能用语言和行动表达出对家长和老师的感激就是成功的感恩教育，其实这是把感恩教育的内容简单化了。感恩教育不能只是这些，还应该设法让孩子拥有更健全的人格，要让他们在以后的人生道路上，不管遇见什么样的困难和挫折，都能够乐观坚强地面对，勇敢从容地解决。

我们常说，人生不如意事十之八九。如果在孩子的童年，我们就能教会他感恩挫折、感恩磨难，那么将来他的人生之路就会越走越稳。我们虽然不能预测到孩子的一生会出现什么样的磨难，但可以教会他们如何在磨难面前变得更积极、更坚强，这才是最有意义的感恩教育。

4. 肤浅地认为感恩就是等价交换

每一个人都有感恩的能力，有属于自己的感恩方式。投之以桃，不一定要报之以桃。投之以桃，也可以是报之以李。古语有言："滴水之恩，当以涌泉相报。"可事实上，我们往往没有涌泉相报的能力。如果投之以桃不能报之以桃，滴水之恩不能涌泉相报，就不能感恩了吗？当然不是。我们不能把等价交换的思维用在感恩教育上，千万不要轻易用金钱和物质去衡量感恩的多少。

有些家长进行感恩教育时，会不自觉地用"诉苦"的方式博得孩子的同情，甚至把自己所做的一切都归结为了孩子所做的牺牲。他们希望孩子会在他们的"诉苦"下懂得感恩，会乖巧、听话、好好学习，因为只有这样才对得起自己为他所做出的牺牲。这一点其实比向孩子单向灌输感恩更糟糕。作为父母，我们应该让孩子更加热爱生活，而不是让他戴上生活的枷锁。用诉苦的方式培养出来的孩子也可能会因"自责"和"内疚"而变得不够乐观、自信、阳光。

还有少部分家长，大概认识到"挫折教育"对孩子"逆商"培养的积极作用，因此就想当然地用严苛的"惩罚"来代替"挫折"，这是非常不可取的。"挫折"是生活中"遇到的"，而不是"人为设置的"，孩子都很聪明，他们的心里一定明白，这些不是"挫折"，而是"惩罚"。试问，他们会在接受"惩罚"的过程中学会感恩吗？

四、如何进行感恩教育

对于如何进行感恩教育这个问题，我们要"双向奔赴，彼此润泽"。

1. 良好的亲子关系、和谐美满的家庭氛围是一切家庭教育得以开展的前提

2018年全国家庭教育状况调查报告的结果表明，良好的亲子关系、和谐美满的家庭氛围，对孩子的学习、道德品质和行为习惯都有正面的催化效果。在这份调查里，绝大多数孩子都认为人生最重要的事情是"有温暖的家"。可见，家庭成员之间的关系是否和谐，能否彼此关爱，是决定感恩教育能否顺利开展的关键。

2. 我们要有方向、有方法地进行感恩教育

前文中已经提到，感恩包括"知恩""感恩"和"报恩"三个阶段，我们就要努力从这三个方向入手，对孩子进行感恩教育。

"当家才知柴米贵，养儿方知父母恩。"可是孩子不能等到那个时候才"知恩""感恩"。作为家长，我们要让他提前"知恩"，自觉

"感恩"。我们不要替孩子做他分内的事情，要让他分担家务，承担作为家庭一员的责任；要主动邀请孩子对自己正在从事的劳动给予帮助，让他体会父母的辛苦。同时，我们要减少对孩子物质方面的满足，让他懂得并不是想要什么就可以得到什么。我们还要对孩子的付出"斤斤计较"。如果孩子吃了好吃的，却没有分一口给我们，这是我们必须"计较"的。我们要让孩子明白"欲索取必付出"的道理，要让他知道他需要为父母做些什么。而且，当孩子一旦表达出想要"回报"的意思时，我们就一定要予以肯定和鼓励，并适时给予指导。

当然，感恩教育要适当运用一些方法，我们可以借鉴以下方法：

（1）"说给他听不如做给他看"，"示范"永远是最直观、最有效的方法。让孩子懂得感恩，不必煽情，更无须"表演"。我们做，孩子看，孩子看在眼里的，也都会记在心里。

（2）"不能做给他看就一定要讲给他听"，"讲解"是最省时、最省力的方法。"讲解"不是道理的"说教"，而是事情的"讲述"和原因的"解释"。我们要告诉孩子我们做了什么，并解释为什么要这样做，让孩子了解父母的付出与辛苦。

（3）"耳听千遍，不如手过一遍"，"行动"是最必要、最重要的方法。感恩教育没有必要面对面坐下来"教育"，让孩子和我们共同经历一些事情，让他在实践中体验，让他在体验中体会。魏书生说，人一定要学会用行动去心疼父母。一个孩子如果从小知道心疼父母，长大了就自然会心疼老百姓，心疼集体和国家。魏书生所说的就是"行动"的作用。

（4）"感同身受，必有行动"，"移情"是最积极、最走心的方法。孩子小的时候，他们所认知的世界是有生命的，世间万物都是有思想、有情感的。聪明的家长会让孩子识别和感受他人的情感，控制消极行为，做出互助、分享和谦让等积极行为，从而培养孩子的感恩之心。

还有的家长很善于借助短小精悍、富有哲理的寓言故事、童话故事或名人名家的感恩故事，让孩子明白其他人是怎样感恩的。

3. 要发现孩子藏在行动中的感恩并真诚地表达感谢

人之初，性本善，孩子的内心早就种下了"感恩"的种子，只是因为他们的心智、语言表达还处在尚未成熟的阶段，他们往往更多地通过行为来"说话"。从感恩的角度来说，孩子的以下行为可看作他们常见的表达感恩的方式：

（1）孩子吃到了好吃的东西，可能会悄悄留下一些带回家给父母吃。

（2）下雨了，孩子会担心外出的家长有没有带雨伞。

（3）看到父母受伤、生病、难过的时候，孩子可能会表现得特别"黏人"。

（4）面对父母的争吵，孩子会特别听话，会自觉吃饭、洗澡、做作业，自发地完成自己需要做的事。

我们如果留心，一定会发现还有很多孩子表达感恩的方式。我们要对孩子的行为真诚地表达感谢，要以身示范地帮助孩子建立感恩的习惯，要让他内心的感恩之种，生根发芽，开花结果。

感恩教育的形式和方式还有很多，方法也多种多样。除了以上介绍的这些，还有组织活动、把握契机、营造氛围等。但不管采用什么样的形式，运用什么样的方法，感恩教育其实就是爱的教育。爱是父母与孩子的双向奔赴、彼此润泽，父母与孩子要彼此回应对方的爱。家庭生活中，父母和孩子都要把爱落实在细节里，都要用语言和行动主动表达爱。当被爱与爱他人成为习惯时，孩子就拥有了用之不竭的力量。当父母爱孩子，孩子回应父母的爱，彼此暖心成为习惯时，就会营造和谐融洽的家庭关系，就能彼此成为长久幸福的一家人。

亲爱的孩子，你为什么看不见
我的付出

一、我们问问为什么

"亲爱的孩子，你为什么看不见我的付出？"每当孩子对我们吹鼻子瞪眼时，身为家长的我们总是痛苦地发出这样的质问。

从孩子一出生，我们父母就在默默地、时刻地付出。

0~3岁，我们精心呵护着小宝宝，含在嘴里怕化了，捧在手里怕摔了。夜里，三五个小时一遍觉；日里，两三个小时一次奶。做父母的是吃不饱、睡不好。上了幼儿园，早上送，晚上接，寒来暑往。老师的一条短信往往会让身处工作岗位的父母忙活半天。此后，小学、初中、高中……培养一个孩子成人，父母不知付出多少辛苦。再多的辛苦，父母都能承受，而承受不起的却是这句"亲爱的孩子，你为什么看不见我的付出？"

此时，我们不禁要问："孩子为什么会看不见我们的付出呢？"

1. "理所当然"在作怪

现在的家庭不是一个孩子就是两个孩子，三个孩子特别少。孩子少了，养起来就精贵。现在的孩子从刚出生下来就含着金钥匙，新衣服堆满橱子，好吃的囤满抽屉，好玩的满屋子都是……这种幸福的状态让今天的孩子衣来伸手饭来张口成了理所当然的事，他们觉得一切本该如此。如果有一天没有穿的或没有吃的，他们会觉得不可思议，甚至无法想象，他们认为人生来就应该穿好的、吃好的。他们不会去思考穿的、吃的从哪里来，他们只知道穿和吃，然后就是玩，一切都是理所当然。

2. "顺其自然"在伤害

今天的中国是伟大的，每个家庭、每个人都在奋力奔跑。生活在这个时代的孩子们适应了和爷爷奶奶生活一段时间，再和爸爸妈妈生活一段时间，再和外公外婆生活一段时间……他们被不停地被动地改变着监护人（代监护人）。孩子们不喜欢这样变来变去，但是别无选择，只能逆来顺受地听从大人的指派，只能顺其自然地接受生活的安排。习惯了从一个人监护到另一个人监护，从一个环境到另一个环境，父母只是他们生活中某一段时间的监护人。父母仿佛和其他监护人一样，一切都是顺其自然。自然，孩子们看不见父母的付出，这是很正常的。

3. "兴味索然"在危害

21世纪是科技迅猛发展的时代，科学技术日新月异。宝宝从呱呱坠地就能感受到科技的神奇，动画片、游戏、电视机……各个方面都在刺激着孩子们的神经中枢，他们对于信息的获得渠道越来越多，普通的信息传递渠道已经无法满足他们，普通的信息传递方式也很难引起他们的注意。所以，他们对于父母的付出往往熟视无睹，更不要说感同身受。他们的意识沉浸在奥特曼身上，沉浸在铠甲勇士身上，沉浸在熊大熊二身上。对于父母的辛苦付出，你就是说一万遍，他们也感受不到。尤其是游戏，它占据了孩子的全部精神世界。

4."道貌岸然"在祸害

王安石写过一篇《伤仲永》，讽刺那些过早拿孩子到处去招摇过市的家长，是他们亲手葬送了孩子美好的未来。在今天，像方仲永这样的孩子比比皆是。今天参加这个模特秀，明天参加那个舞蹈秀，后天搞个生日派对，天天都在霓虹灯下接受大人们的掌声、欢呼声，日子久了，孩子们就觉得自己是世界的唯一、地球的主宰。你再让他们去关注父母的付出、倾听父母心声那是难上加难。他们只会在乎自己，只会在乎自己的得到与失去。

二、我们该怎么办

"四然"危害大，身为父母的我们如何去克服呢？我们可以从八个"也"中去破除桎梏。

1.陪也

俗话说："陪伴是最真情的告白。"现代社会生活节奏快，沟通很方便。人与人之间往往不用见面，一个电话就能把所有该说的话都说了，一个视频就能如真似幻地面对面交流。然而，再现代的沟通方式都无法代替真正的面对面交流，现实中的一个拥抱能胜过微信上的千言万语，现实中的一句问候能抵得上电话中的甜言蜜语。现代社会，父母为了工作往往奔赴千里之外，一年都不能陪孩子一天，甚至几年都不能陪伴孩子。父母在外辛苦赚钱，吃再多的苦都能忍得住，因为他们从出门的那一天起就在心中刻下唯一笃定的目标：让孩子过上更好的生活。可是父母出门挣钱孩子并不知道，他们只知道父母远离了他（她）们，他们只知道生活中又要换一个监护人，他们只知道又要开启一段新的生活方式。

孩子们渴望的是陪伴，陪吃、陪睡、陪玩……谁陪他（她），他（她）就认为谁好。正应了这样一句俗语：养母比生母更伟大。身为父母的我们扪心自问，我们能用多少时间陪伴自己的孩子？如果没有陪伴，我们又怎么能要求他们看见我们的付出呢？亲爱的家长，请让我们放下所有去陪伴我们的孩子吧！

2. 听也

学会倾听孩子的心声是每个父母应具备的素养。我们的孩子小，不善于表达，特别是不善于口头语言表达，但他们是有自己的语言的，他们渴望被倾听。当我们倾听孩子说话时，他们会越说越自信，越说越兴奋，越说越依恋父母。受到老师表扬时，他们一到家就把被老师表扬的情景原原本本地说给父母听；与同学闹别扭时，他们一到家会向父母倾诉心中的委屈；考试得了一百分，他们会兴冲冲地冲进家门，大声宣布成绩；考试失利时，他们也会一五一十地告诉父母，自己粗心了。总之，只要父母愿意倾听，孩子就会把一切告诉你。

当孩子愿意对你说时，你们彼此之间就会成为朋友，你的付出他（她）一定会看得见、感受得到。

3. 真也

千教万教教人求真，千学万学学做真人。父母教给孩子最核心的东西就是一个"真"字，做一次真人不难，做一辈子真人才叫难。"人之初，性本善"，《三字经》告诉我们教给孩子最本原的东西是做真人。当我们怀疑孩子看不见我们的付出时，那是因为我们没有教孩子学做真人，我们只是不停地让他们学习，不停地让他们去考试，而忽视了道德层次的教育。你想，如果孩子眼中只有分数，他们又怎能去关注父母的付出呢？

陶行知先生一再强调："真"比一切都重要。我们加入儿童队伍，成为其中一员，在情感方面和小孩子站在一条战线上，只有这样才能让他们有更多的机会看到我们的付出。

4. 穷也

子曰："君子固穷。"父母应该让孩子从小感受"穷"是什么样子的，过一过"穷"生活，又如何把"穷"转变为"富"。一个孩子如果生下来就在贫困家庭，就会感受到有块糖吃是多么奢侈的事情；而一个一生下来就在富裕家庭的孩子，就无所谓一块糖，一捧糖也不稀奇。穷人家的孩子的衣服是老大穿了给老二，老二穿了给老三，他们会懂得珍惜，学会拥有；富人家的孩子的衣服往往是旧了就送人，破了就扔了，感受不到生活的不易，捕捉不到生活的细节，当然也感受不到父母的付出。

所以，我们在培养孩子时要学会给孩子营造"穷"的氛围，富家穷养。穷能让孩子更专注于生活中的细节，体会父母的艰辛。亲爱的父母，如果你做到了这点，你的付出孩子一定能看到。

5. 苦也

"穷苦"，是不是就是说穷了就会苦呢？非也。穷人未必能受苦。这里所说的"苦"分为生活之苦和学习之苦两个方面。

首先说一说生活之苦：①穿衣服不攀比。孩子的衣服只要干净、整洁就行，无须穿名牌。父母要从小引导孩子、教育孩子不能有攀比之心，不要看到别人的好东西就想获得。②吃喝不攀比。父母要教育孩子少吃零食，多吃健康的、有营养的食物。③玩具不攀比。你有铠甲勇士，我有纸折的小飞机；你有超级战车，我有水粉战车画一张……大家都有玩具玩，玩法不同，玩趣是一样的。我们要让孩子耐得住诱惑、经受住苦熬。

再说一说学习之苦：①不攀比书包、文具。父母买的书包只要大小合适，款式一般也无妨。父母要让孩子明白其中的道理就要悉心教导、耐心引导。②比作业整洁、优劣。第一条说了我们不攀比书包、文具，但要比作业整洁、优劣。有比较就有伤害，有伤害才会成长。③比成绩优劣。成绩不好一定要感受到痛苦，千万不要无所谓。知道痛苦才会激发斗志，发愤图强。

6. 律也

无规矩不成方圆，自律的人才会成功。一个人的发展需要懂规矩、讲纪律，没有约束的成长只会纵容欲望的无限膨胀。而欲望好似身体内的癌细胞，会无限制地疯长，最终害了自己。那么，平时如何做到律呢？这要从两个方面谈起：

首先是自律。人立于世，首先要严于律己。孩子要养成早起早睡的习惯，努力学习，用知识丰富自己。己所不欲，勿施于人，希望别人做到的时候先要自己做到。

其次是他律。我们做到了严于律己方能宽以待人。要引导孩子了解父母，与父母一起感受生活中的酸甜苦辣，体会父母的喜怒哀乐。父母遇到了困难，要和孩子说一说，让孩子给自己出主意。父母遇到了快乐的事更要和孩子说一说，和孩子一起分享喜悦。父母把孩子当成朋友，那么孩子自然会把父母当成朋友，他们就会愿意把心里话告诉父母。

7. 善也

人之初，性本善。学做善良的人是每个父母的必修课。英国思想家罗素说："在一切道德的品质中，善良的本性是世界最需要的。"当下很多父母都是专注于培养孩子的学习能力，却忽略了培养孩子的道德品质。可实际上，善良的孩子远比聪明的孩子更重要，一个善良、正直的孩子能获得的幸福感会更多。

德智体美劳，德育教育无疑是放在第一位的。习近平总书记也特别强调思政课教学，强调德育的重要性。而善良是德育教育中最根本、最重要的美德，感恩、真诚、礼貌……都以善良为根基。可见，培养一个善良的孩子是多么重要。

但有的父母认为善良的孩子太老实了，将来会被欺负。其实不然，善良是一种坚定，善良是一种温暖，而不是没有主见、任人欺负。再有，善良的人看到的世界是美好的，很少有生气、愤怒、仇恨、焦虑等情绪，善良会给人带来快乐、健康和幸福。总的来说，善良能让人受益无穷。

那么，父母应该如何培养一个善良的孩子呢？

（1）父母转变意识观念，将"爸爸妈妈希望你永远开心"变成"爸爸妈妈希望你永远善良"，父母的观念转变了，就会潜移默化地影响孩子，会让孩子感受到善良的重要性。

（2）父母教孩子学会站在他人的角度上看问题，学会理解、尊重、关心他人。孩子能做到这些，自然就是善良的了。

（3）父母不要将孩子做家务、帮助他人的行为与物质奖励挂钩，应该让孩子明白做家务、帮助他人是每一个人应有的义务和责任。当孩子做家务、帮助他人时，父母要及时表扬、鼓励，让孩子感觉到自己的行为是正确的。这样，孩子的善良就会在心里茁壮成长。

（4）父母要多和孩子聊一些生活中的、电视上的、书本里的善良的人或事，教孩子明辨是非。久而久之，孩子对善良就有了正确的评判标准。有了正确的评判标准，孩子就知道怎样处理事情，怎样做善事。

（5）父母要教孩子学会感恩。一首《感恩的心》是"感恩"教本的最好诠释，每位家长都应该教孩子唱好这首歌。生活中，我们时刻受到他人的馈赠，如父母的养育、老师的教诲、朋友的关心……作为父母，要引导孩子学会感恩，感谢父母、感谢老师、感谢朋友……孩子懂得了感恩，自然能体会到父母的辛苦。

（6）多带孩子参加公益活动，更好地帮助他人，并从中获得幸福感。例如，协助交警指挥交通、到敬老院大扫除等，这些活动都有助于孩子学会感恩。

（7）榜样是最好的力量。要求孩子体会自己的辛苦，父母首先要能够感受孩子的不易。孩子学习其实也很辛苦，做父母的不要以为孩子很舒服。当我们能站在孩子的立场感受孩子的喜怒哀乐时，孩子也会站在我们的立场感受我们的酸甜苦辣。

8. 爱也

"爱人者，人恒爱之；敬人者，人恒敬之。"这是《孟子》里的话。孟子生活的年代离现在有两千多年了，但他的话依然指引着今天的人。这句话的意思是说爱别人，别人也爱他；尊敬别人，别人也尊敬他。在家庭中，父母应当怎么做才能得到孩子的爱戴呢？答案很简单：心存仁爱，以人为本。

每一个孩子都是独立而不可复制的主体，他的生命意义应该得到尊重，他的价值和潜能应该得到展现。父母应当关注如何满足孩子的需求，其行为必须充满人性，富有爱心。而能否坚持"以人为本"关系着孩子的前途和未来，作为父母一定要"心存仁爱"。

倘若做到了上面这"八也"，身为父母的我们就不必为"亲爱的孩子，你为什么看不见我的付出"这样的问题而困扰。身为父母，做好自己最重要，一心一意爱着孩子，不论春秋和冬夏，不论付出与回报。你想，我们生养孩子是为了什么，难道仅仅是为了回报吗？难道仅仅是为了他们看见我们的辛苦吗？不是的。我们只希望孩子过得比我们好，这就足够了。

二孩来临，你们都是我的最爱

　　经常在网络上看到一些二孩家庭的小视频：

　　妹妹刚刚打完预防针，因为穿的是无袖连衣裙，打针的地方遮不住，于是哥哥脱下自己的短袖给妹妹穿，而自己只能穿上妹妹的小裙子，哥哥穿着妹妹的小裙子旁若无人地走在路上……

　　弟弟吃饭时，总爱挑食，全家人追着弟弟跑，怎么都搞不定，姐姐一声响亮的声音，熟练地把弟弟卡在墙边，喂饭给弟弟吃，弟弟没有挣扎，没有痛苦，反而满脸的享受……

　　弟弟要睡觉，哥哥抱起弟弟，学着妈妈的样子，轻轻地摇晃着弟弟，哄着弟弟睡觉，哥哥有模有样，弟弟睡相惹人疼爱……

　　这些视频有趣又暖心，让无数的父母为其点赞。

　　可现实中的二孩家庭也可能是这样的：姐姐和弟弟的冲突不断。你听！

　　"妈妈，弟弟又把我的作业本弄坏了。烦死了。"姐姐把弟弟推出门外，随后，就听到弟弟的哭声。"弟弟小，不懂事，你打他干什么？""我没打他，他把我作业本弄坏了。"姐姐气鼓鼓地盯着弟弟，妈妈抱起哭泣的弟弟离开了姐姐的房间……

妈妈带着两个女儿约了闺蜜一起吃饭。妈妈们惬意地聊着天，几个孩子在一旁玩耍。这样和谐温馨的场景让人动容，这是妈妈们的片刻宁静。可好景不长。你听！

"妈妈，我也想要纸飞机。"妹妹撒娇道。

"妈妈叠给你。"妈妈一边和闺蜜说着话，手里还一边叠着飞机。可是妹妹接过纸飞机就扔在了地上。妈妈捡起来，再一次递给妹妹，"自己玩纸飞机吧！"

"我要姐姐手里的。"妹妹不满地说。

妈妈为了可以快点安抚住妹妹，安心地和闺蜜聊天，就对姐姐说："你这个纸飞机给妹妹，你自己再重新叠一个好不好？"姐姐似乎已经习惯了这样的事情，低声说道："好吧！"话音刚落，妈妈从姐姐手里拿过纸飞机就递给了妹妹。留下满脸不悦的姐姐在桌前……

很多父母天真地认为有了两个孩子，孩子就不孤单寂寞了。殊不知，这也会对教育产生新的挑战。作为一线教师，我关注了这个问题，并做了一些调查。调查中发现的问题引发了我的一些思考。

一、二孩家庭的教育现状

通过对一个班的家长做问卷调查，我们发现：这个班有50%以上的学生的家庭是二孩家庭。26.9%的家庭的父母在有了第二个孩子之后，改变了对"大宝"的态度，更在意"二宝"。同时有33.83%的孩子说不清自己的父母是否爱自己或者他们感受不到父母的爱。80.78%的家庭中父母陪伴"二宝"的时间要长于"大宝"。46.1%的学生认为在家里和弟弟或者妹妹发生冲突时，爸爸妈妈的第一反应是不听解释就责备"大宝"。通过这些数据，我们看到了二孩家庭在现阶段是普遍的，在有了第二个孩子之后，家庭成员对于二宝的关注度明显高于大宝，大宝会因为二宝承受一些委屈，这导致大宝开始怀疑父母对自己的爱。

二、大宝身份过渡的训练

一般情况下，大宝身份过渡的训练可以分为二宝出生前和出生后两个阶段。这个训练的初衷就是通过找到符合大宝年龄特点的方法，让大宝对自己的身份将要发生的变化有一个具体的、积极的、正确的认识。

第一阶段：二宝出生前。

这一阶段需要引导大宝与还未降临的二宝建立联系和纽带。家有二宝时，大宝常常会有一些情绪上的变化，这是因为随着二宝的降临，爸爸妈妈对于大宝的关注时间会减少。父母可以通过一些活动，让大宝对二宝有更加具体的认识，如阅读相关绘本或者故事书，还可以带着大宝一起看看他刚出生的视频和照片。在妈妈怀着二宝的时候，爸爸可以带着大宝陪着妈妈一起去产检，通过一些B超的照片，让大宝了解二宝在妈妈肚子中已经长成什么样子了。这样大宝对二宝的认识就不仅仅是存在于爸爸妈妈口中的描述或者是故事中了，而是对这个新生命有了一个微妙的认识，一份不一样的感情。

第二阶段：二宝出生后。

这一阶段需要家长帮助大宝重新认识自己的身份，并确定自己的身份。大宝成为哥哥或者姐姐以后，有哪些权利？比如：给二宝取名字时，大宝可以和爸爸妈妈一起商量；给二宝购置衣物鞋子时，可以让大宝负责挑选，爸爸妈妈可以当着大宝的面，告诉二宝："这是哥哥（姐姐）给你挑选的，真好看呀！"在给二宝洗澡和换尿布时，可以让大宝协助，让大宝觉得弟弟（妹妹）的降临，自己和爸爸妈妈一样对这个小生命有帮助、照顾、领导的权利，在这个家庭中自己和弟弟妹妹不是竞争的关系。

当然，二宝的降临，事实上的确会占用爸爸妈妈很多的时间和精力。这时，不管是妈妈还是爸爸都需要平衡一下陪伴两个孩子的时间，尤其是对大宝的陪伴。爸爸妈妈在给予大宝高质量的陪伴的同时，还要引导大宝参与到二宝成长变化的观察中来，这样做不仅是为了分散大宝的注意力，更是让大宝通过这样的方式去直观地认识新生命。

小宝宝不会说话，如何传递信息呢？爸爸妈妈可以和大宝一起观察二宝的动作、表情和声音。已经有过一个孩子的妈妈一定对孩子的哭声有辨别能力。比如，二宝在尿湿难受的时候，一定会发出"信号"，妈妈可以引导大宝观察、辨别二宝的表情和哭声，还可以让大宝亲自证实猜测是否正确。猜测正确后，妈妈还可以教大宝如何给二宝换尿不湿，这样的体验一定会让大宝觉得作为哥哥（姐姐）对这个新生命是有主导权的。

妈妈还可以引导大宝观察二宝在哭的时候眼睛是睁开的还是闭上的？嘴角是上扬的还是往下弯的？妈妈通过引导大宝观察，让大宝参与到一些安抚工作中来。比如，轻拍二宝后背，使用一些有趣的表情逗引二宝，和二宝说话，等等。大宝看到自己能让二宝不哭，会进一步认识到自己的身份，与此同时，大宝对二宝的降临会多一分爱护，少一分嫉妒。

三、两宝发生冲突

有很大一部分家庭，大宝和二宝的年龄差距在5岁左右。大宝经历了从独生子女到非独生子女的过程，所以当二宝渐渐长大可以和大宝一起玩耍时，两个孩子的冲突是避免不了的。也许爸爸妈妈会认为，前期已经做了那么多工作，接下来，大宝应该会理解爸爸妈妈的做法。但是不要忘记，大宝也还是个孩子。

在处理两个孩子冲突的时候，我们身边总会有这样的声音："你是老大，你比他大那么多，你要让着弟弟（妹妹）。"爸爸妈妈如果总是秉持着这样的原则，只会让两个孩子的冲突升级。大宝会觉得自己很委屈，什么都被分享，什么都要迁就弟弟（妹妹），而二宝则会越来越矫情和霸道。

面对两个孩子的冲突，如果要有所"偏袒"的话，家长一定要"偏袒"大宝。大宝只有得到父母足够的爱和安全感，才会发自内心地爱护二宝。例如，在处理玩具分配的问题时，家长要尽力维护大宝的玩具所有权，不能随意地将大宝的东西给二宝，对于玩具的处理要尊重大宝的意见，即使那件玩具大宝已经不愿意再玩了。如果大宝不愿意分享，不要强求，因为分享是一种自主的行为，这种行为一定是可以带来快乐的。大宝不愿意分享，说明分享自己的玩具并不快乐。这时家长不要再去说道理，或者趁着大宝不在家时将玩具偷偷地给二宝玩。因为当一个孩子有一颗糖的时候，通常不舍得分享；但是当他有一百颗糖的时候，他会很慷慨地分享。所以，当大宝有足够的安全感、足够多的爱的时候，他才会把爱分给别人。这时候家长必须尊重大宝，尊重他对自己玩具的支配权。如果大宝出现了一次主动分享玩具的情况，爸爸妈妈要替二宝感谢大宝的慷慨，感谢大宝对弟弟（妹妹）的友好行为。这其实就是对大宝家庭地位的维护。久而久之，大宝一定会对二宝显示出特别的关爱。

当然，任何事情都不能偏激。维护大宝不代表无原则地纵容大宝。当大宝对二宝有恶意行为时，爸爸妈妈也要积极处理——给大宝立规矩。但是在给大宝立规矩时，务必不要让二宝看到，一是尊重大宝，对大宝的爱护；二是维护大宝在二宝心中的地位。

也许有些爸爸妈妈会认为这样对二宝很不公平。二宝会不会因此受委屈？二宝会不会不被尊重？在两个孩子的成长中，大宝在这样的环境下一定会更加怜惜二宝、爱护二宝。手足情深，二宝独享着来自大宝的爱，也会受益终身。

四、两宝睡觉的问题

妈妈有了两个孩子之后，时间变得更加紧张了，想要陪伴两个孩子一起睡觉都成为一种奢侈。这时通常被勒令分床睡的，一定是大宝。二宝的出生让爸爸妈妈不得不"牺牲"大宝，让大宝做出一些退让。妈妈认为，二宝晚上要喝奶、换尿布，会影响大宝休息，这样大宝睡眠不足，免疫力会下降，也会影响第二天上课。大宝也不得已要一个人睡，或者和奶奶一起睡。在二宝刚刚降临时，建议不要让大宝分房。尽管前期已经做足了准备，大宝知道二宝还小，需要妈妈更多的照顾，可是二宝的出生改变了大宝的生活也是事实，毕竟大宝还是个孩子，也曾经独享过妈妈的爱。

妈妈要让两个孩子和自己在一个房间里睡觉。只要孩子愿意，不管什么原因，都要尽可能满足他们的要求，这样既可以满足大宝对妈妈的依恋，又方便照顾二宝。如果大宝被吵醒，你轻轻拍一拍他，亲吻一下他，他会很快适应。切记不可以强硬地让孩子分床睡。

分享一个小故事：一位妈妈生了二宝后，曾试图带着两个孩子一起睡觉，因为她知道有了二宝后不能忽视对大宝的关注。可是因为二宝夜里需要喂奶，换尿不湿，小夜灯不能关闭，导致大宝夜里醒了几次，第二天上课的时候精神状态不好。妈妈由于需要给二宝喂奶，没有办法再单独陪着大宝睡觉。为了不影响大宝学习，妈妈跟孩子商量后，希望孩子和爸爸睡，双休日期间再和妈妈、二宝一起睡。而在此之前，大宝一直和妈妈在一起睡觉。因为爸爸长期在外地工作，大宝对妈妈的依恋更多，如今被迫分开，和爸爸一起睡觉，大宝心里难免有些失落。

在这个故事中，虽然妈妈和孩子商量了，孩子也答应了，但是孩子心里的缺失依旧存在。爸爸在陪伴大宝的过程中，要更加留意大宝心理的变化。晚上休息时，爸爸也可以给大宝讲绘本故事，聊聊白天发生的事情。

五、大宝、二宝两个都爱

父母都爱着自己的孩子，这一点毋庸置疑。可是有些时候在行为上、语言上总是会让孩子误会。

再分享一个小故事：一日，大宝放学回家，在妈妈的手机里发现了二宝吃肯德基的照片，他发现日期就是今天。原来妈妈在大宝上学期间带着二宝去肯德基吃了儿童套餐。大宝很生气，和妈妈理论。妈妈撒谎说："那是以前的照片，不是今天去吃的。"大宝拿出儿童套餐赠送的书本："妈妈，这是你们吃儿童套餐时赠送的绘本，是不是？还想骗我。"妈妈想赶快平息这件事，又谎称这本书是从地铁上捡来的。这下激怒了大宝，大宝大声吼道："你们就喜欢二宝，去吃肯德基都不带我。"

故事中的大宝，在了解事实的时候，得到的是谎言，心里充满了委屈。在妈妈看起来很小的事情，在大宝眼里却是父母对自己的爱是否还在。

二孩时代，更要做智慧的父母，尽可能地寻找一点平衡，在平时的生活中要让大宝感受到自己依然被爱、被关注、被尊重。

该不该按性别决定教养方式

　　"男孩穷养，女孩富养"，是时下流行的一种"育儿经"，源自"从来富贵多淑女，自古纨绔少伟男"。这条带有明显经验主义色彩的古训，深深植根于中国传统教育理论体系的土壤当中。当今社会，我们到底该不该按性别决定教养方式？

　　"男孩穷养，女孩富养"一般的理解是：如果养的是女儿，就要尽可能地为她营造一个富足舒适的成长环境，生活精致，无忧无虑，使她以后能抵抗诱惑，成为知情识趣、优雅美丽的女子；如果养的是儿子，就要刻意让他品尝生活的艰辛，从小磨砺坚强的意志，多吃苦受罪，历尽沧桑，日后方能有所作为、有所担当，从而成长为一个真正的男子汉。一些父母更是将"穷养小子富养女"当成真知灼见，指导和影响着家庭教育。然而，男孩女孩的教养真有这么大的差别吗？现在人们的生活水平普遍提高，这句教育思想还适合现代父母吗？

　　微博上曾有一个热门话题："男孩就得穷养吗？"一位女网友分享了她和"穷养长大"的男友的故事：有一次他们俩去小馆子吃饭，男友让她点，她想着两个人就点两个菜吧，选了鱼香肉丝和红烧茄子，正好一荤一素。男友当时就很不高兴，拿过菜单看了半天，但碍于服务员在旁边就没说什么。菜上来以后他更不高兴了，每吃一筷子都要骂一句，要么是难吃，要么是菜量小，男友的坏情绪弄得女生战战兢兢，也不敢多吃，生怕自己吃多了他不够了更要骂。终于吃完了走出店，男友好像忍了好久似的连珠炮般地抱怨一盘茄子25元价格高、菜品差以及女生不会过日子……女生反问："你如果不喜欢，当时为什么不换呢？"男友说："服务员就在旁边，我怎么说？当年我爸带我去沈阳，看到必胜客，我们进去了，人家水都给我们端上来了，我爸一看菜单，领着我就出去了。这就是我们家的家风！饭贵了就是不吃！你是不是过日子的人？"

和女朋友吃一份25元的茄子就是不会过日子吗？有意见不当场沟通，因为服务员在场，为了"面子"默认，吃完后又不断抱怨的行为，足可以看出这个男友为人处世的能力。他的家庭确实教给了他如何朴素节俭，但没有教给他眼界、气度和胸襟。

与此相反的则是另一个极端，"女孩子要富养，这样才能培养她鉴别事物的眼光"。但只有物质的富养，其实是毁掉一个女孩最快速的方式。法国思想家卢梭曾在《爱弥儿》中指出："你知道用什么办法，一定可以让你的孩子成为不幸的人吗？——那就是对他百依百顺。"社会上经常见到这种现象：父母舍不得吃、舍不得穿，却心甘情愿把自己的大部分钱给女儿，女儿却经常出入高档餐厅，身着名牌服饰，追星、旅游，挥霍无度……女儿还嫌弃着父母土，不懂年轻人的世界，这是无数"富养"女儿家庭的缩影。

富养孩子，最终却成了要父母命的深坑。倾尽所有送孩子出国，却因为后期无力供养而被女儿网暴的父亲说自己最大的失败就是相信了

"富养女儿"的说法，一步步将女儿变得"欲壑难填"。实际上，每一个自私、冷漠的富养女背后，都站着一对无微不至、舍不得对孩子说"不"的父母。舍不得吃，舍不得穿，自己艰难度日，却要极力满足女儿的"诗和远方"。可结果呢？本以为能养出最高贵的大小姐，却惯出了最无情的利己主义者。

被穷养长大的儿子，为何没有应有的眼界、气度和胸襟？被富养的女儿长大之后，为什么会变成利己主义者？其实，现代社会中的穷养儿子不能片面地理解为在物质上进行穷养，更多的是对男孩子进行挫折教育，让他不贪图享乐。富养女孩也不是指物质上的满足，而是培养她的气质，开阔她的视野，让她独立、有智慧。

一、承认男女有差异，性别教育有必要

首先，我们必须承认男女生的差异，在教育方式上，有时确实需要按性别进行差异化教育。

男女之间的不同似乎从童年时期就已经显现出来：女生对于人脸、声音和触摸方面的反应较快，一般都比较乖巧、听话，形象思维和语言优势较为明显；而男生则比较注意身边的玩具和感兴趣的东西，往往显得比较勇敢，具有探索精神，攻击性较强，在抽象思维能力、视觉空间感等方面比较强。

到了青春期，男生女生都会发生比较大的变化。男女生在青春期的行为表现和心理状态也呈现出较大的差异。因此，在教养方法上需要给予不同的关注：

青春期的男生开始追求独立性，并对于家庭和同龄人逐渐失去依赖感，往往表现出进攻性，更偏向于与其他男生竞争，心理上会变得更加自信，但也会因为生理上的变化感到焦虑和不安。在教养方面，家长

应该关注男生的情感健康，为他们创造一个宽松而温馨的家庭和学习环境，可以鼓励他们多参与课外活动，锻炼他们的领导能力和竞争能力，在事业志向、性别角色和情感表达等方面给予指导和帮助。

女生的青春期心理状态变化则更加复杂：她们通常显示出更强的情感倾向、强烈的自我意识。在此期间，她们可能会感到自卑、不安，出现不明白或懊恼自己的身体变化等情绪问题。因此，在教养方面，家长应该鼓励女孩勇敢表达自己的意见，增强自信心，并注重女性健康知识的教育。在社交方面，家长应该注重培养其团队协作精神。

总之，在教养方法上，男生女生的个体差异需要得到家长足够的重视，使他们在青春期的成长过程中得到正确的引导和帮助，保障他们的身体和心理健康。

二、教育不能一刀切，因材施教才可行

但在教育孩子的过程中，性别并不是最重要的因素。每个孩子都是独立的个体，需要根据其个体差异来选择个性化的教养方式。我们不能因为性别相同而采用同样的教育方式，更不应该因为性别不同而"定向培养"出标准的"淑女"或"绅士"。我们应该因材施教，根据孩子的性格和特点来进行教育。

1.活泼好动型

活泼好动型的孩子通常喜欢跑来跑去、玩耍游戏和大声说话。那么，如何教育他们呢？首先，要给他们提供适当锻炼的机会和自由的空间，满足他们的好动心理和需求。其次，要提醒他们学会放松，尝试控制自己的情绪和行为。最后，鼓励他们在学习和生活中放慢步伐、冷静思考。

2. 安静内向型

安静内向型的孩子喜欢自己一个人玩耍，不太善于与他人交往。如何教育他们？首先，要尊重孩子的个人空间，让他们自由发挥自己的创造力，让他们认可自己的能力。其次，为他们提供交往机会，帮助他们逐渐适应社交环境。最后，鼓励他们勇敢地表达自己的观点和想法。

3. 易上头型

易上头型的孩子容易受到外部环境的影响，情绪波动较大。如何教育他们？首先，要让孩子意识到自己的情绪，明确自己的情绪需求，并积极培养孩子的情绪调节能力。其次，要让孩子建立内外平衡心理，培养自己的内心力量，并寻求适当的支持。最后，鼓励他们学会自我反思，不断提高自身素质。

4. 容易分心型

容易分心型的孩子在学习中经常走神，缺乏长期坚持的耐心。那么，怎样帮助他们呢？首先，要营造一个理想的学习氛围，缩短学习时间，集中精力完成任务。其次，鼓励孩子进行规划，确立具体目标和行动计划，培养他们坚韧不拔的毅力。最后，创造积极的激励和奖励机制，提高孩子学习的积极性。在长期教育中，帮助他们不断进步。

5. 性格软弱型

性格软弱型的孩子缺乏自信心、自尊心和思考能力，容易受到外界环境的影响，自我价值观不清晰，缺乏成功的信心和决心。在教育方面，我们应该针对孩子的个性特点，加强对孩子自尊、自信、自立的培养，让孩子明理、有理，对自我、他人和世界产生积极的情感体验，增强其学习和生活的信心。家长首先要了解孩子的需求和期望，培养他们的兴趣和爱好，让孩子充分发掘自己的潜力，让孩子更加了解自己有哪些优点，从而发掘潜在的自信和勇气；其次，多鼓励孩子参与各种活动和选修课程，拓宽自己的视野，增强自信，发掘自己的兴趣，提高自己的能力；再次，引导孩子树立正确的价值观和人生观，帮助孩子正确认识自己的能力和优点，克服性格的缺点，从内心产生强大的自信；最后，多给予孩子自立的机会，鼓励孩子勇敢表达自己，让他们成为健康、自信、自立和有活力的人。

6. 性格刚毅型

性格刚毅型的孩子天生具有独立自主、坚忍果敢等优势，但也常常缺乏柔性和自制力。我们在教育这类孩子的过程中，要注重培养孩子的审慎性格，帮助孩子更好地驾驭自我。首先，培养孩子正确的价值观。家长可以为孩子创造一个良好的家庭环境，借助点滴生活细节，让孩子明白积极乐观、正直忠诚、正义平等等价值，从而建立正确的人生进取方向和价值观。其次，督促孩子积极思考。对于性格刚毅的孩子来说，他们可能存在自以为是、死板固执等问题，这就需要家长帮助孩子改善这种倾向。家长可以引导孩子思考、推理，培养孩子的逻辑思维能力，并反复讲解人生的重要道理和多种观点，从而让孩子意识到自己的不足，并慢慢调整自己的思维方式。最后，注重孩子的情感教育，培养孩子多元化的兴趣爱好，在丰富多彩的活动中，开阔视野，加强自我调节和协调能力。

三、我们要培养什么样的孩子

诗人余光中在《写给未来的你》中这样写道："不管世界潮流如何变化，但人的优秀品质却是永恒的：正直、勇敢、独立。"那么怎样培养一个正直、勇敢、独立的孩子呢？

1. 让孩子学会对自己负责

要让孩子学会对自己的行为负责。培养孩子遵守规则，勇敢承担自己的行为后果，认识到自己的错误并进行纠正。要让孩子学会自己分析、判断自己能够承受的责任范围，并逐渐面对责任。

2.培养孩子的勇气

要让孩子学会面对自己的内心，勇敢地面对挑战和困难。家长应该鼓励并支持孩子尝试新事物和挑战自己，让他们逐渐意识到克服困难和勇于挑战的重要性，从而培养其勇气。

3.培养孩子的独立

家长应该让孩子逐渐建立自己的人生观，并让孩子有自己的主见和判断力。通过做家务等方式，让孩子体验到独立的重要性，理解父母的付出，进而变得独立、自强。

4.培养孩子的正义感

要帮助孩子了解什么是正义，遇到不公平的事情要勇敢地去捍卫自己的利益。通过交友、看动画片、读绘本等方式，孩子能感受到自己与他人之间的平等和公正。此外，家长还可以让孩子参与公益活动，通过实践了解社会中的公平正义，同时在家庭生活中也要让孩子感受到家庭成员之间的平等。

5.培养孩子的坚守感

家长应该注重培养孩子的坚持行动和追求目标的品质，要鼓励孩子努力坚持，不放弃，积极参与到学习生活中。为此，家长要通过恰当的教育方法，让孩子学会主动掌握知识，懂得如何收集和处理信息。

总而言之，养儿育女的关键，从来都不是给孩子多花钱，或者是给孩子少花钱。特别是对家里有两个或两个以上孩子的家庭而言，绝对不可以男孩穷养，女孩富养。否则，只会让富养的孩子自私、无情、不懂感恩，让穷养的孩子自卑、懦弱、不敢为自己争取。

在教养孩子的过程中，我们需要借助生活情境，引导孩子把知识和生活实践结合起来，多让孩子参与到实践中去，培养其正直、勇敢和独立的品质，使其成为积极、有责任心的人。真正有远见的父母都知道，家里有什么条件，就怎么养孩子。穷养富养，都不如用爱养，养出孩子的坚强、独立和负责任，养出孩子的勇敢、自信和内心强大。

第二章

青春期教育

家长如何应对小学阶段的
"儿童叛逆期"

有很多家长反馈，现在的小学生太难管了，说话不听，十分叛逆，自己被气得不行……

其实孩子一生有三个叛逆期，2～3岁时出现的叛逆行为是人生第一个叛逆期的表现，称"宝宝叛逆期"；7～9岁是人生第二个叛逆期，称为"儿童叛逆期"，儿童在这个时期常常会恼火和不理解父母；12～18岁是人生第三个叛逆期，这是大家熟知的"青春叛逆期"。

人生的第二个叛逆期正处于小学阶段，这个时期的孩子有其独特的心理特点，具体如下：

（1）渴望独立。孩子经过几年的小学学习，学习了更多的知识，他们渴望独立，急于证明自己长大了。这时候他们会想摆脱爸爸妈妈的掌控，做事有自己的一套方法，喜欢自己拿主意，不服管教。

（2）喜欢用批判、否定的态度对待家长。这个时期的孩子好奇心强，越不让他接触的东西，他越想接触，喜欢用否定的态度对待家长的管教，家长的苦口婆心、试图规劝，在孩子看来都是刻意说教。如果家长无视他们的需求，或否定他们的做法和观点，他们会用更尖锐、更极端的方式证明自己。

（3）自我矛盾。这个时期的孩子像个"小大人"，可以自己解决一些问题，但也面临很多自己无法解决的问题，这样的矛盾造成了孩子的叛逆。一方面，他们想摆脱"软弱"状态；另一方面，他们面对复杂的环境又不知所措。这样的两极冲突，导致孩子会用行动来宣泄情绪，如大发脾气、满地打滚儿等。

不同的叛逆期，有不同的个性发展、心理生理发育特点，父母应对的方法也要有所不同。面对孩子的"儿童叛逆期"，家长该怎么办呢？

一、控制情绪，内心尊重

抖音上有位宝妈在面对孩子叛逆时，以这样的一句话自勉：我正抱着一只刺猬，哪怕扎得我遍体鳞伤，我也决不放手！这位母亲是伟大的，她接纳、悦纳孩子所有的一切。

当和孩子发生冲突的时候，我们家长该怎么做呢？

1. 控制情绪

如同那位宝妈一样，不管孩子有什么样的情绪，他怎样像刺猬一样扎我们，我们都要保持一种平和的情绪。这个时候我们要做的不是对孩子发脾气，不是抱怨，而是学会调整呼吸，心中默数1，2，3，4，5……让自己的情绪控制住。如果情绪控制不下来，还有一个办法，我们暂时离开和孩子发生冲突的场所，到卫生间自我调整一会儿，或者去整理房间，暂时和孩子避开，不要在孩子的气头上添油加醋、火上浇油。

2. 换位思考

孩子这么做，如果我是他，会不会也有情绪呢？这么多想几次，我们是不是就能够理解孩子的行为了呢？

3. 内心尊重

我们家长的内心要尊重孩子。这个阶段的孩子渴望独立，渴望证明自己，我们要学会不断地用行动和语言来告诉孩子，你长大了，有些事情你要自己做决定，自己做的决定就要自己承担相应的后果。当我们这么做了的时候，可能我们跟孩子发生矛盾、冲突的频次会少很多。

所以我跟大家分享第一个小锦囊：控制情绪，内心尊重，"做一个内心强大又心态平和的父母"。

二、好好说话，学会赞美

我们经常可以听到以下抱怨："你怎么这么不听话！""早就告诉你了，你就是不听。""再这样下去我就被你逼疯了。""把你养大就是和我顶嘴的吗？""我怎么会生出你这样的孩子？""你看你，你能做好什么？""去去去，这不是你能够做的事。"

请不要做您孩子人生路上的差评师！良言一句三冬暖，恶语伤人六月寒。语言是有力量的，好的语言能够成就人，坏的语言会伤害人，教育其实就是和孩子好好说话。家长有时会不自觉地站在自己的角度思考：我以为这是最好的，我认为这是对的……关键词是"我以为"，正是因为立场和角度不同，才会有了这种差异。有些父母和孩子聊天，不管什么时候、什么方式、什么内容，都是让孩子认同自己说的是对的，需要孩子听话；不管孩子说什么，父母都会有一堆大道理等着他；不管孩子多么渴望，父母都会有一腔的热情，那就是"为你好""爱你"的热情，也不管孩子愿不愿意接受。其实孩子的立场很简单，他为什么想和爸爸妈妈说话呢？因为爸爸妈妈是他最亲近的人，他可以在爸爸妈妈面前哭，在爸爸妈妈面前笑。孩子跟父母说话，他不是要求你评判，他需要的只是一个可以分享感受的倾听者，他寻求的是温暖和帮助。家是讲爱的地方，不是讲理的地方。你说这样的立场差别，怎么让孩子愿意听？曾听到有孩子这样抱怨：为什么无论和爸妈说什么，都能够聊到学习上去？为什么无论和爸妈说什么，他们总能把天聊死？而父母也会苦恼：孩子为什么越来越不爱跟我们聊天了？

父母与孩子聊天的三大误区：忽略孩子的真实感受，立刻评价孩子的对错，总是喜欢提建议。

1. 好好说话的四个步骤

好好说话的四个步骤：第一步，学会倾听孩子说的话；第二步，学会抓住重要信息进行重复；第三步，认同孩子的感受；第四步，解决问题。

场景：

（4点孩子放学回来了）

妈妈，我饿死了。

刚吃完晚餐，怎么会饿呢？（忽略孩子的感受）

你是不是不想写作业才说饿了的？（评价）

跟你说过多少次了，午餐要吃饱。（提建议）

正确交流场景：

（4点孩子放学回来了）

妈妈，我好饿。（倾听）

饿了？很难受吧？（重复重要信息）

我上学时也经常感觉饿。（认同感受）

我现在给你做饭，还是你吃点水果点心？（解决问题）

如果孩子饿了就问他想吃什么，而不是说"你怎么又饿了？""早就说让你多吃点"，那都没有意义。我们要找对孩子有意义的建议，有意义地解决问题，他饿了就给他吃的。

2. 学会赞美

"人性最深层的需要是渴望得到别人的欣赏和赞美。"所以，家长需要学会说话的艺术，学会赞美孩子。

比如，今天孩子主动把房间整理好了，你会如何赞美孩子呢？

"宝贝很棒。""孩子，你又进步了。""宝贝很厉害哟。""你会自己整理房间了，比妈妈做得好。""你今天把屋子收拾得真干净啊，我摸了下桌子一尘不染，你还把书摆放得这么整齐，你真的长大了。"

家长们，你们会怎么赞美孩子呢？你们更喜欢哪种赞美？对，赞美孩子要非常具体，夸细节，表情动作要生动地呈现出来。给大家分享一个赞美工具单：具体场景+细节+感受+影响。比如，刚才的例子我们就可以这样赞美：你今天把屋子打扫得真干净，把桌子擦得一尘不染，我为你感到高兴，你真的长大了。我们赞扬孩子时要具体一点，赞扬他努力的过程，这样的赞美才更有价值和意义。

3. 正面告诉孩子怎么做

不要警告孩子这不能做，那也不能做，而是告诉他：看，你可以这样做，你只要这样做就可以了。家长越是批评，孩子越是紧张，越不知道怎么做。

一直活在父母的否定、打击中，从没感受过父母的接纳、尊重和信任的孩子，很难接纳自己、爱自己、尊重自己，也很难成长为内心坚定、自信、有力量的人。

作为家长，我们要知道：孩子是非常在意周围人的看法的，永远担心自己会做错事。每个孩子都渴望成为父母的骄傲，如果长期被否定，他就会经常莫名地对身边的人发脾气，渐渐地他就真的长成了我们父母口中辱骂的那个样子。

三、做好自己，改变行动

1. 能指导行为的，就不多说

当我们觉得有些东西光说教没用时，我们不妨把它变成一个行为上的指导，而不是跟孩子讲大道理，如"孩子啊，你要懂礼仪"。其实懂礼仪这句话说得多空啊，最好的办法就是告诉孩子懂礼仪该怎么做。例如，今天爷爷奶奶来了，怎么表现懂礼仪呢？很简单，我们热情地让爷爷奶奶坐上座。吃饭时，爷爷奶奶坐下来之前，不要先给自己夹菜，要先给爷爷奶奶夹菜。这就是饭桌上的礼仪：让座，大人先动筷子。

2. 改变自己

孩子是复印件，家长是原件，孩子出现问题了，我们首先要从自身找原因，改变我们自己。

现在一部分家长面临着这样一种现状：在和手机抢夺、争夺孩子的爱。这种苦恼焦虑，估计我们很多家长都有，孩子玩手机很痴迷，家长说教也不听，于是果断地不让孩子再碰手机。可孩子会说：我每天上学也很累，我放学回来还要写作业，你却可以躺沙发上刷视频。

孩子说的是不是全无道理？家长需要做什么改变？

（1）家长需要改变自己使用手机和电脑的行为。家长需要给孩子建立一个好的行为榜样，在与孩子相处和互动的过程当中尽量少用手机，至少做到在孩子面前尽量少用手机。

其实很多孩子依恋网络是在寻求内心的满足感，因为在与父母的关系中，在现实生活中，他们的情感得不到满足，他们只能通过网络来逃避和获得满足感。也有很多孩子在成长过程中遇到了很多挫折，但没有得到及时的支持和帮助，这时他们很容易在网络的虚拟世界中找到极强的成就感，在这样的情况下，孩子就会依赖于网络。

家长无须盲目地控制孩子让他彻底戒断电子产品与网络，毕竟当今社会是基于网络发展的数字化社会。

（2）家长需要高质量地陪伴孩子，给孩子足够的安全感，让孩子在家长的陪伴下学会与他人交往，发展社会适应能力，在现实生活中与他人建立积极的情感联系。

（3）家长还需要在现实生活中帮助孩子找到兴趣与成就感，给予孩子更多的表扬和鼓励。当孩子感到现实生活中的自己得到的父母和其他人的肯定越多，自我满意度就越高，成就感就越强，那么孩子就不再需要在网络中寻找快乐。

（4）正确引导孩子使用网络。与孩子约法三章，制作一张家庭上网的规则表，规定好孩子每天上网的时间和上网的内容，让孩子按规则来使用网络。如果孩子很好地遵守了规则，节制地使用网络，那么家长就要适时地给予表扬和奖励。

帮助孩子学会利用网络来强化自身的学习兴趣。网络不单单只有娱乐功能，还储存有庞大的知识资源，是孩子学习和获取知识的重要渠道之一。

最后与各位家长共勉：孩子的成长需要留白，不能太满。面对叛逆期的儿童，父母要调整心态，不要让焦虑蔓延。回顾孩子的成长过程，不少家长会感觉到疲惫，因为无论是孩子还是家长，都在重担下前行。从幼儿开始，早教、幼教、智力开发、课外培训、艺术启蒙等，似乎没有片刻的停歇，但其实教育是一门缓慢的艺术，在家庭教育中，父母应该让孩子有放慢和放空的权利，给他独处和发呆的时间。

从心理学研究创造力的角度来说，无聊的环境比有趣的环境对孩子发展创造力更有帮助。无聊的时间既可以让孩子充分休息、储存能量来应对接下来的成长，也能让孩子体会到自由安排自己的控制感，这种控制感有助于孩子的安全感和自信心的发展。在这样的氛围中，孩子的创造力会更容易萌发。

控制情绪耐心听，好好说有艺术的话，积极做自身的改变，愿每位家长都会和孩子好好交流，与孩子一同和谐地度过"叛逆儿童期"！父母要做孩子成长的垫脚石，听他说，一起做，给予孩子偶尔的成长留白，让孩子积蓄成长的力量，孩子才能更好地成长。

孩子对异性产生爱慕，如何引导

在电视剧《小欢喜》中，有这样一个情节：

学校开展心理讲座，鼓励孩子们互相拥抱。因为对父母离婚的事情触景伤情，乔英子很伤心。她的好朋友方一凡给了她一个温暖的怀抱，让乔英子痛痛快快地哭了一场。

没想到，两人拥抱的场景被双方妈妈看到。再加上此前方一凡和乔英子曾经共用一根吸管，从而引发了两人早恋的"惊天新闻"。仅仅是一个拥抱，双方父母已经脑补出了50集的言情剧。回家后，孩子们发现，父母正襟危坐，仿佛要展开一场严肃的谈判。焦虑的父母们紧急成立了防"早恋"作战小分队，旁敲侧击、高压逼问等招数都用上了，非要两个孩子承认自己早恋了。那么问题来了，方一凡和乔英子确实没有恋爱，你让人家承认什么呢？面对家长们七嘴八舌的质疑和盘问，方一凡和乔英子澄清两人只是好哥们儿关系。可家长们哪里相信，这下俩孩子的叛逆劲儿上来了，索性当着大家的面，搂抱在了一起。方一凡还不忘贫嘴："我们牵手成功了，满意了吧！"

一、对异性的好感是青春期孩子的正常表现

在家长眼里的早恋，可能不是真的早恋。孩子进入青春期后对异性产生"朦胧的好感"，往往这样的好感会被冠上"早恋"的名头，让许多家长如临大敌，甚至没有搞清楚事情的来龙去脉就去直接批评孩子。如果管教不好，给孩子带来的伤害，会超过早恋本身。在这个世界上，萌芽的感情是一种美好的情感流动。许多孩子良好的异性交往被老师、家长误认为是早恋，孩子最怕的其实是这样的情感被误解，或者不被大众接受，也怕因此影响学习。孩子最需要的是知道如何正确对待这份懵懂的好感，如何处理这种社交关系。孩子最需要的是得到他人的帮助。家长要明白这是孩子青春期的正常表现，说明孩子正在按照自然规律成长。

所以，当发现孩子对异性有好感时，家长应该怎么处理呢？

1. 大方和孩子谈爱情

一般情况下，家长会通过三个途径发现孩子对异性有好感：一是孩子主动说的；二是观察到孩子最近情况反常，如魂不守舍；三是无意中听其他人说的。不管从哪个途径得知，许多家长的反应都是非常着急，接着苦口婆心地劝孩子分开，甚至用上"没有羞耻心"这样难听的字眼。

许多孩子成年后容易在感情上栽跟头，根源就在于他们一直不懂什么是爱情，更不知道如何对待爱情。与其让孩子偷偷摸摸地从各种渠道获取不知道是否正确的"爱情观"，不如我们亲自去给他们解释清楚，什么才是真正的爱情，什么是好的爱情。

有些家长不好意思提这些事，无意中错过了引导孩子的绝佳机会。其实家长完全可以大大方方地去和孩子讲爱情，让孩子心里对爱情有一

个基本的正确认知。如果不知道从哪里说起，那就说一说自己身边的爱情故事吧，如父母的爱情、爷爷奶奶的爱情，或者自己中学时暗恋的同学。不要觉得不好意思，如果我们现身说法，给孩子分享自己的爱情故事，孩子一定会很感兴趣，你就可以潜移默化地把你想传达的关于爱情的认知融入进去，传递给孩子。

总之，不论我们讲谁的爱情故事，一定要给孩子传递出这样的概念：爱情，绝不是只有两个人热烈的喜欢，还有责任、忠诚、陪伴、支持……

2.尊重孩子的心灵，朦胧情感不等于道德败坏

对异性有好感就像生命到了一定的季节就会发芽开花，这是自然而然会发生的事情。明白了这一点，我们对孩子也就会多一分理解了。许多家长会认为"对异性有好感"等于"早恋"，也是"不好好学习"的表现，其实这都是孩子进入青春期的正常表现，此时孩子正需要家长的正确引导，而非粗暴干预。

其实孩子特别需要我们的理解和尊重。我们不妨心平气和地问一问孩子最近的情况，有没有想不通的地方，如果孩子愿意，也可以和孩子聊聊对方的情况。有些孩子可能不愿意开口，没关系，总有一个人会让孩子愿意开口倾诉。

我们也可以主动给孩子写信，向孩子坦言父母尊重他的决定，只是很担心他，希望他可以和父母分享一下想法，彼此打开心结。有些话孩子当面说不出口，写出来就会少了很多心理负担。总之，要让孩子明白，我们只是想关心他，而不是在打探他的隐私，更不是在指责。我们要表达的关心，是真正的关心，千万不要只是关心孩子的学习会不会受到影响。关心就是对某人或某事表示重视和爱护。比如：你现在心情如何呢？激动吗？兴奋吗？沮丧吗？TA是谁？你喜欢TA什么？你们怎么

认识的？遇到什么困难了吗？有需要我帮助的地方吗？我特别想知道你的一切，有需要了告诉我。当然，在表达关心之后，我们就能表达自己的担忧了："妈妈有点担心，虽然我相信你能处理好，但我还是会有些担心。包括你对情绪的表达以及和TA相处的方式。"

如果这时候我们对孩子表现出理解和信任，孩子就会愿意和我们说一说感情中的困惑，从而有利于我们发现其中可能存在的问题，帮助孩子提前规避风险。

苏联著名教育家苏霍姆林斯基说："爱情，是对人道主义的最严峻考试。我们应该从一个人的童年和少年时期起就培养他去迎接这场考试。"

当发现孩子有心仪的异性时，我们不用慌张，首先要尊重孩子的心灵，理解这是每个人成长过程中自然而然的事；然后心平气和地和孩子谈谈你对爱情的认知，通过这个契机，帮助孩子学会做自己感情的主人。

3.帮助孩子认识自己的价值

其实，很多时候父母担心的并不是孩子喜欢上某个人，而是这个"某个人"是"什么样的人"。这是一个可以让我们了解和影响孩子的价值观的机会。具体怎么做呢？我们表达了自己的关心之后，可以和孩子进入到以下三个问题的讨论：①你为什么喜欢TA？孩子对这个问题的回答，可以让父母了解在孩子眼中对那个TA的看法以及他最看重的是什么——是才华、相貌，还是性格？②TA为什么喜欢你？这个问题能够很好地引导孩子看到自己的优势。大部分的优势来源于性格、能力、爱好、与人相处的方式，还有学业成绩、外貌以及其他的突出能力。和孩子交流的过程中，我们也可以做一个很好的梳理，在孩子喜欢TA和TA喜欢孩子的地方寻找一些相同或不同之处，这样的谈话轻松而有效。父母也可以进一步问孩子，什么样的人会被别人喜欢？小学时，成绩好的人是最受欢迎的。到了初中之后，可能长相、气质等一些外在因素也成为受欢迎程度的影响因素，但不管是外在因素还是内在因素，都会使一个人在某方面特点突出而具有吸引力。③你能成为一个更好的自己吗？基于前两个问题的充分交流，父母可以引导孩子思考自己有什么吸引人的特点以及如何成为一个更好的自己。外在因素是先天给的，一般不可改变；我们所能依靠努力去改变的是内在因素，这个内在因素自然包括学习能力。"恋爱是生活的一部分，要让它帮助你实现梦想，而不是成为梦想的障碍。"要用更美好的目标来使孩子们的恋爱服务于这个大目标，从而降低它产生的破坏力或负面影响。我们把生命中发生的每一件事都作为一种契机，不害怕、不担心，积极面对。人生的路很长，我们要帮助孩子们在每一段人生经历中都有所收获，坦诚地表达自己的情绪和感受，陪着孩子慢慢地长成他们想要成为的样子。

二、家长要注意的禁忌

1. 要调整亲子关系，注意人际边界，不越界、不嘲讽、不辱骂、不威胁

在生活中，我们经常看到有的家长控制不住自己，没有经过孩子的允许就翻看孩子的短信或日记，或者监控孩子的电话，限制孩子与朋友的交往。我们可以想一想，如果我们是孩子，在这种情况下我们会有什么感受呢？是不是会感到隐私被侵犯、不被信任、非常不舒服？在家庭关系中，如果父母对孩子的关心和保护没有随着孩子的长大而发生改变，仍然是过度干涉孩子的生活、学习和交友，那么不仅会影响亲子关系，更会影响到未来孩子的心理成长。还有的家长发现孩子与某个异性同学交往比较多，就羞辱或打骂或威胁孩子，这么做其实就是把孩子当成自己的一部分了，没有关注到孩子的内心感受，甚至有意压制孩子的

内心感受，这种控制只会使孩子更加逆反或者走向另一个极端，甚至使孩子彻底丧失自我。

2. 理解并尊重孩子的情感变化，不随便贴标签

有的家长发现孩子爱听情歌或是看爱情小说，就怀疑孩子是不是早恋了，而没有意识到这只是孩子青春期的情感需求和对美好爱情的好奇和憧憬。如果给孩子随便贴上标签，有时候会起到助推器的作用，这就是心理学中的标签效应。

为什么会产生这样一个助推器的作用？主要是因为标签具有导向作用，无论这个标签的内容是好是坏，它对一个人的个性意识、自我认同都会产生强烈的影响，那么给一个人贴标签的结果往往就是使其向标签所预示的方向去发展。所以，很多时候，家长在少男少女从正常交往到发展为恋情的过程中起到了很大的推动作用。

3. 父母要营造宽松的家庭氛围，而不要局限于自己的认知框架

当孩子喜欢别人或是被别人喜欢时，你会怎么做呢？即使我们觉得自己特别了解自家孩子，但在直接得出什么样的结论的时候，也一定要慎重。作为家长，我们应该清楚地了解到，每个人的成长阶段都不同，因此，在教育孩子时，应该摒弃传统的思维模式，把重点放在他们的发展、特征、环境等方面，与他们进行深入的沟通，并且倾听他们的内心声音，以便更好地帮助他们实现他们的梦想。通过沟通，我们可以帮助孩子展现他们的内心世界。

我们可以使用开放式的问题跟孩子进行交流，如你收到某某的表白时是怎么想的，又是怎么做的呢？而不是简单地问：你拒绝了吗？那就限制了孩子的回答，因为孩子只能用是或者不是来回答，所以不同的问法答案是完全不一样的，给孩子带来的感受以及孩子的理解也是不一样的。

4. 与孩子一起去创造积极的能量输出渠道

青春期的男生和女生更容易体验到成长的烦恼，尤其是男生往往会在内心聚集激情的火焰，如果没有很好的输出渠道，他们有时候就会像一只小狮子一样，不知道自己什么时候会发怒、为什么会发怒，而怒气输出的对象往往又是自己最亲近的人。如果父母也不理解只会到处去找原因，那最后不是责备孩子就是责备自己。

三、引导青春期的孩子与异性相处

青春期的孩子对异性充满了好奇，这其实是一种正常心理。作为家长，要帮助孩子轻松地度过青春期的尴尬和对异性的好奇，这有利于孩子对亲密关系的认知，也能避免孩子因为好奇心做错事情。那么，如何引导步入青春期的孩子与异性相处呢？

（1）要认识到青少年对异性的爱慕是合乎规律、不可避免的现象，但是我们不要人为地把任何异性之间的交往都视为谈恋爱。如果这个恋爱的确已经发生，我们作为父母首先要做的就是尊重和理解，这是对他们进行教育和引导的前提。因为如果我们不尊重、不理解，而只是去干预的话，孩子就会做出激烈的反应。

（2）家长可以用自身经历或身边的事例与孩子沟通，消除孩子心里的困惑和不安。真实的事例很有说服力，孩子会明白，成长到一定年龄段都会对异性有特别的感觉，有时会戒备，不愿接触，有时又会喜欢，很想被对方关注，这些都是正常的，不要大惊小怪，没必要在心里犯嘀咕。家长可以与孩子一起分析，异性身上到底哪些是值得欣赏和学习的，哪些是与异性相处时需要避免的。

（3）家长可以利用这个机会来了解孩子交往了什么样的朋友，从中看出自家孩子的优点和不足，以便及时、妥善地解决孩子存在的问题。其实支持孩子交往，特别是与异性朋友正常交往，不仅会帮助孩子学会和各种性格的朋友相处，还能培养孩子的团队协作精神，帮助孩子培养健全的人格。

父母要以同理心与青春期孩子进行沟通交流。没有人能永远年轻，回想起年少时光，我们或许也曾有过被父母忽视的时刻。如果能够把当时的情绪放在现在的位置来思考，我们就能更容易地理解孩子的心情，从而更容易地与孩子进行沟通。

父母不妨认真听听孩子的心声。很多时候孩子的一些问题可能是缺乏父母关心导致的，作为父母在沟通时一定要找到问题的根源，与孩子一起面对问题，解决问题，这不失为一种好办法。

孩子的青春期让人烦恼，却也是父母成长的一次重要机会。青春期是孩子快速成长的时期，如果父母能够很好地理解并配合孩子的需要，孩子在逐渐成长的同时，也会进一步增进与父母的感情。

帮助孩子应对青春期身体的变化

孩子已经进入小学中年级的家长们，你们有没有发现，自家那个不爱洗头洗脸，对外表不在乎的孩子，现在每天都会站在镜子前看来看去了。你是不是正在纳闷，为什么之前身姿挺拔的女儿走路开始含胸驼背了呢？小吃货突然嚷嚷着要减肥，而且频繁地称体重……对于孩子这些悄悄发生的变化，有些家长认为只是正常的身体变化，不重要，也无需重视。但是他们不知道的是，这些正常的变化可能正在困扰着已经迈入青春前期的孩子。

说到青春期，你可能认为这是中学教育的专属话题。但其实，随着社会的发展，人们生活水平日益提高，现在儿童的生理发育年龄提前成了一种普遍现象：女孩子一般在8~9岁就已经进入青春期了，男孩子在11~12岁进入青春期。

一般来说，青春期的到来会有生理、外貌和心理这三方面的变化，这些变化都需要家长的提前告知和正确引导。因为此时的孩子年纪较小，他们的心理承受能力较差，生活自理能力也不够强，所以孩子对身体上所发生的变化——第二性征的出现、身高变高、体重增重等既充满了好奇，又感到困扰、羞涩，甚至是恐慌。这些让孩子措手不及和困惑的变化，还会增加孩子的心理压力和焦虑，如果没有及时疏导，会影响孩子的成长以及孩子与父母和周围人的关系，甚至会给孩子心里留下阴影。所以家长一定要提前做好准备，帮助孩子应对青春期身体上出现的变化以及由身体变化带来的心理问题。

一、帮助孩子了解青春期身心发展规律

1. 青春期孩子身体变化的特点

家长要知道青春期身心发展的规律，关注孩子的身心变化，及时提醒孩子身体会有哪些变化。青春期有三大变化：一是生理变化，来月经和遗精；二是身体表面的体貌变化，乳房发育和变声；三是心理变化，性和感情的萌动。

首先，青春期孩子第一大变化是生理上的：女孩月经初潮，男孩首次遗精。女孩初次来月经，证明了生殖器官卵巢开始能够排出卵子，为将来做妈妈开始了生理上的准备，是身心发育逐渐成熟的标志，可以说这是生命史上重要的里程碑，是值得祝贺的事。可是孩子们如果事先不知道这个变化的意义，当生理变化发生的时候不仅会不知所措，还会觉得这是一件羞耻的事情，内心会被阴影笼罩，甚至会影响亲子关系。

其次，青春期的孩子都会经历变声期，面部出现青春痘……这是他们青春期的第二大变化——体貌变化。女孩和男孩体内释放的是不同的性激素，使他们身体外表出现不同的变化。受雌性激素的作用，女孩乳房隆起，臀部脂肪会增厚，身上的脂肪会比男孩多一些，身体柔软而富有弹性，肌肤变得较为光滑细腻。而受雄性激素的影响，男孩的喉结逐渐凸起，面部开始长出胡须，身上的肌肉一般比女孩发达，身材高

大魁梧。

　　家长不重视孩子身体的变化，就不会关注到青春期对孩子的负面影响，也就无法提供及时的支持和帮助，就有可能给孩子留下一些终生无法弥补的遗憾，甚至可能让孩子的青春期都在阴暗中度过。

　　举例来说，青春期女孩的女性特征在逐步发育，初具女性的曲线美。可是在父母的眼里孩子始终是孩子，他们对孩子没有性别意识和保护意识，不会及时帮助女孩子调整穿戴，所以夏天我们经常能在公共场合看到乳房已经发育的小女孩只穿了单薄的上衣，里面没有穿小背心，或者裙子里面只有内裤，没有穿打底裤。还有在旅游景点，一些家长图方便，给已经发育的孩子当众脱衣换衣，还会说小孩子不用害羞。这些行为和语言导致孩子心理年龄和身体年龄不同步，缺乏性别意识和隐私保护意识。如果你的孩子已经发育，你一定要及时告诉他，隐私部位不能被看到、摸到、撞到，女孩子已经开始发育就要及时戴胸罩，不能当众脱衣、换衣，弯腰要捂住领口，穿短裙不能撅屁股，等等。及时给孩子灌输与身体变化有关的界限意识，可以避免给孩子未来的人生留下创伤隐患。

　　青春期的孩子脸上会起很多痘痘，很多父母认为这是很正常的事情。青春期的孩子其实非常注重自己的外表，青春痘可能会引起他们很多的苦恼。我老公回想起自己青春期时满脸的痘痘就觉得是一场噩梦，当时的他总是低着头，不敢参加任何集体活动，在教室里也很少说话，生怕引起别人的注意，总觉得别人会嘲笑他脸上的痘痘。曾有个18岁的男孩子为了治疗青春痘，冒险尝试偏方后中毒，还好最后被救了回来。不少青春期的孩子因为青春痘遭遇过同学的否定和排挤，失去了很多展示自我的机会，变得非常不自信，做什么都缩手缩脚。父母对此应给予足够的重视，从调整饮食习惯，到外部治疗，可以采用很多方法帮助孩子。这样，孩子的青春期就可以少一些痛苦，多一些自信和快乐，人生就是另一番风景。

最后，青春期的肥胖也是家长们要关注的一个问题。"母不嫌儿丑"，中国家长普遍觉得孩子在长身体，爱吃什么吃什么，想吃多少吃多少。可是等孩子进入青春期，身体的肥胖带来的不仅是身体上的不健康，还有心理的自卑等。青春期孩子对自己体貌不满意多半是和外界的评价有关，一些不友好的或者无心的评价会导致孩子内心对自己的不接受和不自信。孩子进入青春期后，渴望与同龄的伙伴交往以及得到认可，如果这个阶段孩子得不到同伴的认可和尊重，很容易自尊心受挫，慢慢就会封闭自己，不与外界交往，变得孤僻自卑。作为父母，平时在和孩子沟通的时候，要有意识地关注孩子语言中对自己体貌的态度，当孩子跟你谈起这些苦恼的时候，我们不要着急去否定他，说他不该有这样的想法，而是要先耐心倾听，同时认可和接纳他的情绪和感受，再跟他一起分析问题和解决问题，必要的时候可以借助专业人士的力量。同时，家长要了解孩子的身体发育特点，让孩子在小时候养成健康合理的饮食习惯，有节制地饮食，适量运动，避免肥胖，否则会导致孩子在心理上留下阴影，留下没有办法弥补的遗憾。简而言之，家长一定要懂得接纳和运用赞美的手段转化孩子的容貌焦虑，并尽量帮助孩子解决问题。

2. 青春期孩子的性心理发育

性心理发育分为三个时期：性意识萌动期、性好奇期和性成熟期。小学生一般处在第一个时期，因此我们主要来讲一讲这一时期孩子的性心理发育。

细心的家长会发现，孩子小时候会不分男女地玩成一片，在上小学四五年级的时候就开始有了清晰的分界线，下课女孩子一堆，叽叽喳喳；男孩子一堆，疯闹嬉笑。即使以前是好朋友，现在男孩子和女孩子见面的时候也会羞涩躲避，扭扭捏捏，不自然，这是怎么回事呢？因为孩子进入青春期之前，体内性激素大量释放，不仅身体发育了，心理上也会有微妙的变化。他们的性意识开始萌动，认识到青春期体貌的不同，对异性充满好奇心、神秘感。从内心来说，这时的孩子渴望亲近异性，但又羞涩、躲避。他们会对异性产生情愫，有时会幻想，如把自己想象成浪漫爱情里的主角，这是用假想来满足对性的本能渴望。他们对有关爱情的歌曲、影视作品或者媒体信息很感兴趣，甚至在异性面前观赏与性有关的文艺作品时会产生欲望和冲动。但是在这个时期，孩子们不好意思去接触身边的异性伙伴，与异性交往会感到羞涩。于是你会发现有的孩子开始追星，去买喜欢的异性明星的照片，贴在自己的卧室里或者学习、生活用品上，随时欣赏陶醉，甚至会寻找机会去参加演唱会、见面会，等等，这都是孩子在缓解对异性的渴望。

性意识萌动期的孩子对性意识渴求，想了解性的奥秘，那么父母能为孩子做些什么呢？父亲或母亲可以通过对比自己和孩子体貌性器官的变化，让孩子了解自己身体变化的过程，通过图片，让孩子了解异性的体貌和性器官的变化，以此减少孩子对两性身体变化的敏感和好奇。如果孩子还不了解，那么家长可以借助网上科学视频，如精子和卵子的结合，生命的孕育，给孩子补充生命来源的知识；还可以跟孩子讲讲基因染色体和生殖器官等区分性别的知识，让孩子懂得珍惜生命和确定自己性别，家长还要跟孩子讲月经和遗精的由来，告诉孩子如何保护自己的隐私部位。

此外，家长还要告诉孩子，这个时期突然有了心理反应，都是性发育后自然产生的，不必为此感到烦恼和焦虑，这是长大的必经之路，每个成年人都是这样走过来的。当然，家长要注意和孩子保持界限，避免孩子出现恋父、恋母情结。

二、如何正确与孩子谈青春期的那些事

家庭作为放松的、私密的场所，是青春期教育最合适的场所。青春期的孩子也需要高质量的亲子沟通来增进亲子关系。但是身边很多家长对孩子的青春期教育是焦虑的。一部分是因为受传统思想影响较大，家长提到"性"时羞于开口；还有一部分是因为家长自己也没受过性教育，懵懂过来的他们也不懂如何去跟孩子说。

首先，父母要提早去进行青春期的性知识储备，掌握正确的观念和教育的方法，助力孩子更好地成长。其次，受遗传体质、饮食习惯、环境的影响，每个孩子性发育的早晚和程度都是不一样的，每个孩子的青春期困惑都不尽相同，因此孩子的青春期教育更需要的是一对一、面对面的交流。

1. 对儿子说些什么

青春期男孩的性教育可以围绕"如何保护男孩的身体健康和心理健康"来展开。

首先，是对外部性生殖器阴茎、睾丸的保护。男孩也要经常用温水清洗阴部，避免包皮或者阴茎头细菌发炎。家长要告诉孩子，阴茎勃起说明他开始具备生育的能力，将来可以做父亲，这是一件很光荣的事情，不要有害羞的心理。睾丸是男性的生殖器官，十分娇嫩，长在体外，容易受到伤害。男孩运动和蹦跳打闹的时候要注意对睾丸的保护。家长要告诉孩子，阴茎是隐私的部位，不可以让别人看，也不可以随便露出来给别人看，即使隔着衣服也不可以让别人摸。同时要提醒男孩，不要攻击别人的隐私部位，这有可能造成终身的遗憾和痛苦。

其次，进入青春期，随着身体的发育，孩子的心理也在发生变化。

看到女生会害羞躲避，会被喜欢的女生吸引，特别想在心仪的女生面前去表现，等等，这些都是生理带来的正常反应，不要恐慌、羞愧，可以允许自己有这样的想法，不要去对抗。但是家长要告诉孩子，男女生要有界限，不可以好奇地去触碰女生的隐私部位，不可以对女生做过于亲密的举动，不可以取笑女生，但可以多参加有女生参加的集体活动，唱歌看书都可以缓解对异性的欲望。

最后，父母要告诉男孩生命的由来，女人是怎么怀孕的，胚胎的发育和生育的过程，让孩子知道生命的神奇和来之不易，珍惜和尊重生命；同时要让孩子意识到身边的女孩都可能成为一名妻子和一个母亲，所以一定要尊重女生，有责任保护女生，不可以随意冒犯女生；告诉孩子成年之前不可以发生性关系。

2. 对女儿说些什么

青春期女孩的性教育要围绕"如何保护女孩的身体健康和心理健康"来展开。

随着青春期的到来，女孩的身体开始发育。如果父母没有很好地引导孩子，告诉她身体将会发生什么变化，那么极有可能会导致一些尴尬的情况出现：来月经的时候以为自己生病了，裤子沾上血渍被人嘲笑……因为这不是生来就懂的事情，月经的到来必然会给女孩带来困扰和恐慌。那么女孩来月经是一件麻烦事，还是一件对人生有意义的事情呢？父母怎么对待引导决定了女孩对这件事情的看法。我们要告诉孩子，来月经说明身体已经发育完整，具备生育能力，将来可以做母亲，是一件值得骄傲的事情，不要有羞耻感；要做好月经周期的记录，以便每次可以提前做好准备工作。妈妈可以帮助孩子选择安全卫生用品。女孩也要注意经期保健，经常清洗内衣，适当控制运动量，注意保暖。经期情绪不稳定，女孩要能接纳自己并调整情绪，父母也要有包容心，为女孩创造没有压力的愉快的家庭环境。女孩痛经要告诉妈妈，以便采取缓解措施或去医院检查。

乳房的保护也是教育的重点，包括不穿紧身内衣防止压迫乳房，乳房隆起就要穿小背心，乳房发育到经过乳头上下边缘达16厘米时就要穿戴胸罩，胸罩最好选纯棉透气的，晚上睡觉前要摘下胸罩，不随便去挤弄乳房，如果乳房有疼痛、硬块要告诉妈妈。除了不要和男孩去玩抱抱、身体碰撞的游戏外，也不允许男孩拿自己的身体来开玩笑。

比起关注，青春期的女孩尤其需要家长的保护，但保护并不是让家长随时紧跟，也不是避免让孩子自己去面对新的事物，而是要让孩子明白，无论发生什么事情，她都有最亲、最信任的家长做最坚强的后盾。此外，家长也要教孩子一些措施去自己应对突发事件。因为青春期的女孩会遇到的不仅是尴尬，还有麻烦。例如，被大人或男孩不怀好意地夸赞发育好等，这些都需要家长规避引导，教会她们解决问题的方法。

最后，要告诉女孩，当进入青春期后，心理上也会产生一些变化。比如，看到男生会害羞、躲避，会对男生感兴趣，可能会有暗恋、白日梦、性冲动等，这些都是生理变化带来的正常反应，不要恐慌和害羞，允许自己有这些想法，不要去对抗。妈妈要告诉女孩生命的由来，妈妈是怎么怀孕的，胚胎的发育，生育的过程和方法，如何避孕等，还有要强调，未成年之前不可以发生性关系。

无论是儿子还是女儿，家长都要牢记，不断重复性教育很重要，一般关于性的重要信息，孩子不可能听过一次就明白了。与孩子谈性要选择合适的时机，方式也要与时俱进，内容要宽泛，家长可以选择一个适合的时间和场所，如散步、逛街、就餐……交谈时要以关爱为主，不带责备，也可以坦诚地跟孩子分享自己小时候的感受、经历、经验和教训，也可以和孩子就身边熟人的故事做探讨，还可以和孩子讨论电影、电视剧的情节。这样双方在友好平等的关系下就比较容易敞开心扉，家长才会了解孩子最真实的看法和认知。家长还可以给孩子买一些有关青春期的书籍，如"青苹果系列丛书"，或者和孩子一起观看相关的科学视频来学习，如精子与卵子的结合、生命的诞生、预防早孕的宣传片等，引导孩子了解性知识。

新时代的爸妈对孩子的关心，尤其是对青春期孩子的关注，不能只停留在吃饱穿暖和考试成绩上。孩子在青春期会经历身体的巨大变化，在心理上也会经受巨大的考验。希望爸妈们都能够给孩子多一点耐心、关心，帮助孩子健康快乐地度过这一时期。

第三章

情绪管理

面对孩子的"暴脾气"，该如何应对

孩子的教育，一直是一个家庭最关注的问题。身为父母都希望自己的孩子能成为最优秀的人。然而在教育的过程中，身为第一教育者的家长往往会不知不觉地把自己的意愿强加给孩子。父母的包办和替代，让孩子产生了依赖，渐渐地失去了主动性和内驱力。但是随着年龄的增长，孩子的自我认知越来越强，孩子与父母之间的交往会慢慢从"天使听话懂事型"转向"大战一触即发型"。

一、昨日重现引共鸣

小学高年级阶段一般是"大战一触即发"的一个时间点。小学五六年级的孩子身体上慢慢进入青春期，孩子在心理上自我意识不断增强。对于大部分父母来说，这是一次青春期和更年期的碰撞。下面就让我们看看下面的情景，看看你在和孩子相处的过程中，有没有遇到这种情况。

情景一：你给孩子规定好了，每天晚上八点要洗漱，但是到了时间，孩子总会找理由磨蹭或者跟你"谈条件"延迟洗漱。

情景二：孩子把别人推倒了，你让他"认错"，可他却迟迟说不出自己哪里错了，甚至和你据理力争。

情景三：你带孩子去见朋友、长辈，叮嘱他"要听话"，他高兴地答应了你，事实上却依旧我行我素，让你头疼。

情景四：晚上加班到深夜，回家看到孩子作业还没写完。

情景五：早上急着去上班，孩子却磨磨蹭蹭地耽误时间。

这些情况，几乎在每个家庭里都在重复上演。这种"你说你的，我干我的，我生气还不干了"的困境只是"大战爆发"前的一个先兆。

近期网上有这样两个视频。其中，第一个视频讲述的是一个小学六年级的学生和父母大打出手并口出恶言，孩子的爸爸生气地不断重复"我是你爸爸"这句话，而妈妈在一旁无奈哭泣。第二个视频讲述的是班级元旦晚会上，两个孩子自编自导演绎爸爸妈妈在家"教训"自己的场面，顿时引起台下学生的共鸣，大家纷纷说起自己的悲惨遭遇。我脑补了一下画面，这也许就是"大战爆发"的样子。原本天使一般的孩子变成"魔王"，原本最亲密的家人之间变得剑拔弩张。

二、抽丝剥茧找原因

（一）父母的自我反思

随着时代的发展、社会的进步，人们对教育的重视程度也越来越高。有很多父母认为，孩子遇到的问题越少，才越幸福、越成功。

当代的父母时刻践行着"不让孩子输在起跑线上"这句话。"望子成龙，望女成凤"的父母们，为了让孩子能赢在起跑线上，可以说是想尽办法让孩子走捷径，尽可能地让孩子避免任何成长中可能出现的问题。在这"内卷"的社会，父母的"外卷"真的可以让孩子"弯道超车"吗？扪心自问，父母给的真的就是孩子想要的吗？

中国传统父母总是离不开一个"虎"字。"虎爸""虎妈"经常是中国父母的一个代名词。父母在教育孩子的过程中往往要求具有绝对的权威，不允许孩子说"不"。当孩子出现一些反抗的苗头时，父母总会将它扼杀在摇篮之中。渐渐地，父母面对孩子时脾气也越来越暴躁，说话从来没有好语气，情绪也非常容易失控。

（二）对孩子的深度剖析

孩子为什么会发脾气？主要有以下几个原因。

1.孩子为了引起父母注意

有的父母在陪伴孩子时，喜欢低头玩手机。孩子在兴致勃勃地想和爸爸妈妈说事情的时候，总是被敷衍。敏感的孩子感觉自己受到了冷落，就可能会借小事来发挥，甚至大发脾气来引起父母的注意。

2.孩子为了让父母满足自己的小心思

孩子有时为了达到自己的"小目的"，会出现无缘无故发脾气的行为。一些父母会因为孩子的表现而感到焦虑，为了安抚孩子，父母就会询问孩子的需求，并降低原则来满足他。形成习惯之后，孩子就会下意识地用这种方法来达到自己的目的。

3.孩子为了逃避责任

有些孩子做错事，害怕被父母责骂，就会通过先发制人的方式，如发脾气、哭闹来转移家长的注意力。

4.受父母影响

父母的言传身教对孩子有很大的影响，父母要是爱发脾气，孩子也会有样学样地用发脾气来发泄自己的坏情绪。我们静下心来回想孩子怒怼的话语，会发现他们说的话非常耳熟，是的，其实就是我们自己常说的话。

5. 中国式家庭模式

"隔辈亲"是中国式家庭的普遍现象，爷爷奶奶的溺爱往往会使孩子觉得自己有"靠山"，发脾气变得有底气。比如，在父母教育孩子时，爷爷奶奶总会插上几句话，甚至会直接拉着孩子转身就走。

三、有的放矢用方法

力的作用是相互的，你用什么样的态度和方式对待别人，别人就会用什么样的态度和方式对待你，父母与孩子之间也是一样。面对随时可能爆发的"喷火娃"，作为父母的我们可以掌握下面几个小技巧。

1. 遇到问题时先向孩子了解清楚，不要主观判断

很多家长在问题发生时，经常会主观判断："一定是你做错事了，否则别人怎么会说你。"如果家长不问问"发生什么事情了"，很可能会冤枉孩子。更何况，让孩子有机会说话，即使真的是他的错，他也会因为有机会为自己辩解而认错。所以，家长在遇到这类情况时，可以用问答法了解情况，这样不仅能控制自己情绪，还能给彼此创造一个能了解真实情况的深入谈话的机会，不知不觉给孩子的"暴脾气"降了温。

2. 换位思考，理解孩子

我们站在别人的角度去思考问题，才能更理解他人，"推己及人"就是这个道理，所以我们要学会换位思考。当孩子有情绪的时候，家长说什么他都听不进去，一定要等他平静下来再进行沟通。因此，如果希望孩子听得进意见，我们就需要先理解他的感受，如对他说："我明白是会有这样的情况发生的。""我知道你很难过。""我明白其实你是不想妈妈担心。"通过同理心缓解他的情绪，放松他的紧张感。

3. 帮助孩子认识情绪，正确表达自己

孩子有时候脾气暴躁是因为不知道如何表达自己，发脾气是他表达自己的一种方式，尤其是刚进入青春期的孩子，他可能不知道如何来表达自己的感受，这个时候家长可以尝试帮助孩子表达他的情绪。

4. 不批评和指责，聆听他的想法

我们可以等孩子情绪平复后，问他："你的想法是什么？""你觉得怎样解决比较好？""你觉得有哪些比较好的办法？"我们要认真聆听孩子的想法，不批评或不论对错，只需要引导他表达自己的想法，适时给出引导意见。比如，"我觉得你的处理方法很好，不过我认为这样做会比较合适"。适时引导，有时更容易让别人接受。孩子发脾气总是有理由的，弄懂孩子究竟因为什么生气，从根源上解决问题才是根本。

5. 帮助孩子预见结果，把握好沟通的机会

当孩子发泄完情绪之后，我们可以与孩子一起分析，这些失控的情绪引发的行为是否合适？这样的行为会产生什么样的结果？其实，绝大部分的孩子明白事情的后果，知道冲动会让自己丧失理智。当然，如果孩子的认知有差距，就要趁机与他分析讨论，让他了解实际情况。这是一个非常好的亲子沟通机会，但在交流时要避免说教而引起孩子的反感。

6. 尊重孩子的决定，对他表示信任与支持

与人交往的前提是互相尊重，即使是父母与孩子之间也不例外。当孩子在面对一件事情时，我们可以引导孩子做出正确的决定，最后通过询问的方式了解情况。比如，"你最后决定怎么处理了吗？"。孩子一定会选择对自己最有利的处理方式，如果他了解后果，通常会做出最合理、最明智的选择。但是，即使他的抉择不是成人期望的结果，我们也要尊重孩子的决定。可能他选择的方法并不是最好的，但这是成长，谁不是在试错中成长的呢？就算他选错了，他也能从这个错误中得到更难忘的教训。作为父母，我们决不能先问他怎么决定，然后又否决他，这

样他以后就会再也不信任我们。我们可以问孩子："你觉得有什么需要我帮助的？"以此表示对他的支持。

7.对事情的反馈及对孩子的鼓励

及时的反馈有利于帮助孩子发现问题，为孩子提供解决问题的方向。当孩子做得好时，我们可以用表扬或赞美调动孩子的积极性。当孩子表现得不尽如人意时，我们可以肯定他的付出，指出具体哪里可以改进，明确日后努力的方向。当孩子感到迷茫无助时，我们也可以耐心地倾听，分担他的忧愁和压力。这种及时的反馈会让他们感受到：自己的努力被看见，价值被肯定，情绪被理解，父母永远是他最坚实的后盾。

8.教孩子如何去解决自己不懂的问题

在孩子遇到解决不了的问题的时候，我们要有意识地引导孩子自己解决问题，不要直接帮他们解决问题，可以先问孩子：你认为应该怎么解决？你可以让孩子先思考一下，然后提示解决问题的方法。这样做既可以鼓励孩子独立思考，又不至于让他觉得无依无靠。我们要适时地做一个"狠心"的父母，凡是遇到困难先让他自己思考，不立刻前去帮忙，而是适时地提示一些解决问题的途径。

9.提高孩子独立解决问题的能力，帮助其树立自信心

孩子有时候乱发脾气，恰恰是因为他的能力不足。孩子能力得不到提升，他的暴躁脾气就会像不安稳的小鹿一样不时地蹦出来。生活中有很多解决问题的机会，我们可以把一些机会让给孩子。有一位家长曾经和我说过，她们家每次去超市的时候都会给孩子一定的钱，让她自己去决定自己要买的东西，自己结账并且自己拎回家。这不失为一种教育孩子的方法。孩子从去超市到回家，会发生一系列的事情，这个过程让孩子自己做决定，爸爸妈妈在旁边不给任何意见，所以孩子必须及时把遇到的问题解决，自然而然地，孩子的能力就得到了发展。父母都希望自

己的孩子成为一个有能力的人，那就应该有促使孩子成长的实际行动，要给孩子提供机会，让孩子真正地去解决问题。

10. 家庭成员的教育理念要一致

面对孩子的不合理要求，家庭成员的教育理念一定要一致。当孩子因为父母的管教发脾气时，家庭成员中不要有任何一个人妥协，否则父母的管教就前功尽弃了，还落了一个"坏爸妈"的形象，亲子关系也可能会出现不可修复的裂痕。所以，定期开家庭会议很有必要性。

脾气人人都会有。当孩子脾气暴躁时，家长要教导孩子学会克制，千万不要"以暴制暴"，打骂对脾气暴躁的孩子没什么效果。管教孩子讲求方法，掌握方法就能轻松应对。父母在孩子的每个成长时期，特别是青春期，一定要多给予孩子陪伴、沟通和尊重。

最好的家庭教育，是"先放糖，再放盐，再补钙"。"先放糖"是给孩子关爱和鼓励，让他们变得自信、志气昂扬；"再放盐"是教会孩子直面挫折，让他们变得坚强、百折不挠；"再补钙"是教会孩子自力更生，让他们变得独立、自强不息。孩子的成长中"糖、盐、钙"缺一不可，只有三者具备了，才能让孩子的羽翼日渐丰满，并在属于自己的蓝天里展翅翱翔。

为什么我的孩子负能量爆棚

一、孩子充满负能量的原因

生活中我们常常会遇到一些充满负能量的孩子，他们遇到难题会害怕、退缩，或是遇事总往不好的方向去思考，或是总有生不完的气……孩子充满负能量的原因是什么呢？

小奇就是一个充满负能量的孩子。爸爸妈妈陪他去公园玩。看到小朋友们都在攀爬架上玩，小奇也很羡慕，却不敢上前。爸爸妈妈鼓励他试一试，并表示会一直陪着他。但是上到一半的时候他崩溃大哭，怎么都不愿意继续尝试。问他原因，他说自己一定会从攀爬架上摔下来，所以无论父母怎么安慰、怎么劝他都无济于事。学习或游戏时遇到一点点困难或者不顺心，小奇就会变得烦躁、失控，无论父母怎么开解，他都很难从不良的情绪中走出来。小奇的妈妈希望能帮助孩子培养乐观的心理，却不知道该如何做才好。

那么，孩子乐观或悲观，是不是遗传因素造就的呢？后天还有机会改变吗？

英国广播公司有一部纪录片《性格的真相》。其中有一项调查结果表明：性格具有遗传成分，性格中的40%～50%取决于遗传因素，其余部分则取决于后天的环境因素影响。

那造成一个孩子遇事悲观、充满负能量的原因可能有哪些呢？

1. 幸福预设值

积极心理学之父马丁·塞利格曼在儿童心理方面进行了三十多年的研究，在乐观思维模式方面有深刻的体会。他认为，每个人都有天生的幸福预设值，就像恒温器一样，只不过每个人的预设值高低不同。有的孩子天生容易满足，一点点小事都会让他们非常快乐，这些便是乐观的孩子；但有的孩子无论遇到多大的乐事也不会觉得开心、快乐，内心更容易沉浸在悲伤、愤怒等不良情绪中无法自拔。

因此，当面对同样一件事时，不同人的表现与感受也会有所不同。比如，同样的半杯水，有的人看到会说："太好了，还有半杯水！"而悲观的人会说："太讨厌了，只剩下半杯水了。"

2. 家庭不和睦

除了先天的影响，外界的因素也会影响孩子的性格和心理习惯。如果一个孩子从出生开始就成长在一个时常争吵、父母相互抱怨、充满了负面情绪的家庭中，那么他很难拥有真正的快乐。

一个孩子成长的初期，需要来自妈妈和其他家庭成员的爱护和照顾。有规律的生活节奏，各种合理要求能得到满足，都能给予孩子最初的安全感。家庭成员关系不和谐，不管是父母双方、婆媳双方还是家庭其他成员之间争吵不断，都无法给孩子营造一种有爱的、安全的成长环境。那么，孩子不快乐、负能量爆棚也就不足为奇了。

3. 批评和指责

很多父母觉得自己非常爱孩子，孩子却总是不理解，殊不知在自己对孩子的一次次批评、指责中，孩子稚嫩的心已经被刺得千疮百孔，又如何能感受到你的批评教育是出于爱呢？很多家长批评孩子的时候口不择言，什么解气说什么。比如，孩子考试没考好，父母张口就来："你真是笨死了，你看人家谁谁谁。考前我都带你复习了，怎么还是错这么多，你真是没救了。"这无形中就是在给孩子贴上"我不行""我很笨"的标签，大人可以明白这是一时的气话，但是孩子不明白，尤其是自己的父母说自己"不行""很笨"时，孩子真的会觉得自己就是不行。长此以往，孩子对自己的能力认知就会有偏差，更不要提有战胜困难的勇气了。

4. 空洞的夸奖

除了批评和指责有巨大的负面作用，不当的夸奖也同样会阻碍孩子形成乐观的性格。

有些家长不理解，为什么自己也夸孩子，孩子却并不领情呢？其实，这是因为你的夸奖不够真实。比如，文章开头提到的小奇，想要学着别的孩子那样攀爬，却因为胆怯而止步。爸爸妈妈鼓励他"你已经很棒了，只要再坚持一会儿就能成功"，但是这话无法缓解孩子的情绪。因为在同伴的对比下，小奇自己有清楚的判断，觉得自己跟同龄的孩子相比做得不好，爸爸妈妈这时候还说他"很棒"就显得很虚假，无法说服小奇去战胜困难和内心的恐惧。

当孩子听到家长言过其实或夸大的表扬时，他们的内心很清楚这是父母在为了表扬而表扬，并能感受到父母对自己的不够理解和敷衍，反而对树立孩子的自信是一种打击。

5. 夸大的恐吓

还有的父母在养育孩子的过程中，为了帮孩子规避危险，常常会采取一种策略，就是过分夸大不好的结果来吓退孩子。比如，孩子喜欢爬高，父母会斥责："你这么喜欢爬高，摔下来就会摔断腿、摔破头。"有的孩子调皮捣蛋，父母会说："你不听话，坏人会来把你抓走。"如果父母习惯用这样"恐吓"的方式来教育孩子，那么孩子习惯性地就会觉得这个世界充满了"危险"，在不知不觉中变得胆小、懦弱，遇到一点小困难就会将不好的结果无限放大。

6. 不当的调侃

我们在生活中还会遇到一些成人喜欢逗弄孩子，调侃孩子，有时不当的调侃也会打击孩子挑战困难的积极性。

小东平时比较懒散、磨蹭、不主动学习，新学期开始他想要听从老师的建议，制订好计划，认真执行。还没坚持两天，妈妈发现了就调侃他："哎哟，太阳从西边出来啦，小东知道主动学习了呀，我倒要看你能坚持几天。"妈妈自以为幽默的调侃中其实充满了对孩子的否定，先是强调了小东之前不知道主动学习的缺点，最后又暗示了自己觉得小东坚持不了几天。小东听了这话，果然没坚持几天就恢复原先的不良习惯。于是妈妈这时又说："你看，我就说你坚持不了几天吧。"好像自己的"预言"成功是多么了不起的事一样，无形中又给小东的心上泼了一盆冷水。长期被这样泼冷水之后，小东就再也没有挑战自己的勇气和信心了。妈妈不知道问题出在自己身上，反而责怪孩子不知努力。

7. 过度的控制

还有的父母出于保护孩子，或自身教育观念的原因，对孩子限制过多，控制过多，保护过多，孩子的一切行为都要按父母心中设定的样子来。长此以往，孩子的自我得不到充分的发展，或以自我为中心，或极度不自信、遇事退缩。还有的孩子会对外界产生理解上的偏差，因为他已经习惯了按父母设定的模式和套路去思考问题。当别人对他的行为不认可时，他不能理解，会放大为别人不喜欢他，甚至会认为别人对他有敌意、有攻击性，也会以一种带着敌意和攻击性的方式去反馈给别人，无法很好地适应群体生活，久而久之就会变得消极和不快乐。

二、父母要如何和孩子一起面对

知道了阻碍孩子乐观心态形成的一些原因，父母要怎样做才能让孩子成为一个积极乐观、敢于挑战困难的人呢？有哪些方面是值得注意的呢？

1. 构建和睦幸福的家庭环境

古语说"家和万事兴"，这句话在孩子的教育上也同样适用。只有家庭和睦、亲子关系融洽，才能给孩子成长提供积极、正向的环境。家长给予孩子的爱也应稳定、持久，不能在高兴时孩子就是"心肝宝贝"，在心情烦躁时就没好气。尤其是在辅导孩子学习时，家长不能把自己的不良情绪发泄到孩子身上，更不能对孩子进行人身攻击。

2. 父母要以身作则

心理学大师阿尔弗雷德·阿德勒认为，每个人的经历并不能决定人生的成与败，但对所经历的事的解释，则会影响人们对待事物的态度，从而影响人们的成功或失败。所以，父母在遇到不愉快的事时要以身作则，给孩子示范如何合理、自然地对待自己的喜怒哀乐，不要在孩子面前表现出过分的悲伤、压抑或愤怒。遇到难题要积极面对，从自身找问题，找解决办法，千万不要在孩子面前怨天尤人。

3. 引导孩子学会感恩

学会感恩能调低一个人天生的幸福预设值，这能帮助孩子更容易地发现生活中的点滴美好。我们可以从小事情入手，培养孩子感恩的心，如别人帮助了你，说声"谢谢"；妈妈精心做的饭菜，不管喜不喜欢都要说"谢谢"，因为是妈妈劳动的成果；家人之间互相关心时，也不要当作理所当然，也要说声"谢谢"。当然，家长也要这样示范给孩子看，慢慢地孩子就会发现身边有很多美好和温暖。

4. 对孩子的评价要准确

孩子在犯了错误或做了不恰当的事时，是应该被批评的。但马丁·塞利格曼认为，我们在批评孩子的时候，应该遵循两个原则：首先是准确；其次，在事实允许的情况下，着重于特定及暂时性的个人原因，避免责怪孩子的个性或者能力。

举例来说，有个二孩家庭一家人出去玩。在路上，10岁的哥哥欺负和捉弄3岁的弟弟，抢弟弟的玩具，吓唬弟弟，把弟弟弄哭了。原本心情很好的父母火气一上头，就这样批评了哥哥："你这么大的人了，非要欺负弟弟，本来好好的心情都被你搅和了，你怎么这么讨厌？"这种批评对孩子的伤害极大，他会觉得自己被父母讨厌了。这不仅对帮助孩子改正不良行为毫无意义，还会让孩子否定自己的存在价值。

那么，合适的批评该是什么样的呢？

妈妈可以这样说："不准再捉弄弟弟了。你平时不是很照顾弟弟吗？你把自己的玩具都分享给他，还带他做游戏，可今天你这样吓唬他、逗他，弟弟会觉得非常害怕、伤心，觉得你不爱他了。我觉得你应该向弟弟道歉。如果你今天再捉弄他，午饭后不准到外面去玩了。"

这样批评的目的是要让哥哥对自己今天的不当行为负责。批评中强调了哥哥之前一直做得很好，并用实例如分享玩具、做游戏来说明怎样做才是友善、爱弟弟的表现，也说明了哥哥今天的行为是不合适的，哥哥需要道歉以及不改正行为的后果。这样的批评能够引导哥哥正确认识自己的行为，并要为自己的不当行为承担后果，而没有指责他的个性。孩子不仅容易接受，不会觉得妈妈偏心，而且不会自我否定。

5. 帮助孩子拆解有难度的任务

有很多家长平时很有耐心，但一到辅导孩子作业时往往控制不住自己的火气。孩子背书背不下来，记了很久的单词还是错，大人这时往往从自己成人的经验出发去指责孩子："为什么这么简单的事都做不好？"殊不知，孩子有自己身心发展的特点，你觉得很容易的事对孩子来说未必简单。

这时，父母可以把大任务拆分成可以操作的小任务。孩子在面对小任务时，心理负担就会减轻，积极性和主动性就更容易被调动起来。比如，背一篇课文，家长可以帮助孩子将课文分为几个部分，先一部分一部分背诵，再串联起来。在孩子背诵的过程中，家长还可以适时地肯定、鼓励，原本孩子很怕的任务也能顺利完成。

悲观的孩子大多有畏难情绪，如果再加上父母的斥责，就会彻底失去原本就不多的信心。而成功的体验可以大大提高孩子的自信心。所以说，孩子悲观的性格并不是天生的，而是父母没有从小对孩子进行合理的引导。

6. 乐观教养ABCDE法则

除了以上提到的方法外，马丁·塞利格曼还将认知心理学中的情绪疗法应用于教育，总结出了乐观教养的ABCDE法则，即在发生不好的事情时，用下面五步，能够帮孩子走出消极情绪。

A（Adversity）代表不好的事，可能是任何负面的事情；

B（Beliefs）代表对不好事情的看法和解释；

C（Consequences）代表后果，表示人对不愉快的事情发生后的感受与行为；

D（Disputation）代表反驳这种想法；

E（Energization）代表成功进行反驳后受到的激励。

前三步ABC来源于美国心理学家阿尔伯特·埃利斯创立的ABC情绪理论。

通常，我们会认为是发生了不愉快的事（A）导致我们沮丧或愤怒（C）。而埃利斯认为我们对这件事的看法与解释（B）才是产生沮丧或愤怒情绪的根源。

而我们找到那个导致不好感受（C）的想法（B）之后，就可以改变自己的想法（B），从而改变不好的感受（C）。举例来说，在与其他小朋友一起下棋，却一连输了几局时，孩子可能会非常沮丧。这个沮丧并不是他下棋的事实导致的，而是下棋输了这件事让他脑中一闪而过了某些负面的想法。他可能想：我怎么这么笨，老是输，我什么都干不好。

马丁·塞利格曼在ABC模式中又增加了两个因素，就是D和E。D（Disputation）代表反驳，也就是反对导致负面情绪的想法（B）；E（Energization）代表激发，指经过反驳后带来的新的情绪与行为。

还是举输棋的例子，我们发现了孩子的沮丧，但不能安慰他"你已经下得非常好了"，因为这不是事实，这样说就犯了空洞鼓励的错误。这时我们可以捕捉孩子头脑中的思绪，可以引导孩子说出自己的感受，并帮他反驳："我们是不是夸大这一次下棋的重要性了？一次下棋不好就代表笨？想想做数学题时，你总是完成得很好呀。"经过反驳，当他的心情稍好一点后，我们就可以继续激发孩子新的动力："如果真的很在意，还可以多多练习，提高自己下棋的能力。再有天赋的人，如果不勤加练习，也不能真的成功。"

当发生负面事情时，我们往往很容易陷入消极情绪之中，长此以往就会形成惯性。因此要学习用ABCDE法则去解释一件事，并反驳负面情绪，也就是家长要引导孩子从三个维度去界定一件事情：

第一，要看到事情的希望，即便再难的事，也可能在未来出现转机，变得对自己有利。

第二，要把一件事的不良影响控制在有限的范围，一件事没做好不等于其他事也做不好。

第三，要勇敢承担责任，但如果是因为无法控制的因素而导致产生不良后果，不用苛责自己，更不要接受别人对自己的侮辱。

我们无法改变孩子的遗传基因，但可以通过改变我们自身对待事件的态度、改变鼓励与批评孩子的方式，运用好方法，引导孩子正确认识挫折、正确认识自己的情绪、积极看待问题，让孩子做一个充满正能量的人。

我的孩子快乐吗

——倾听孩子内心的声音

我也很想问问各位家长朋友多久没有问过自己的孩子："你开心吗？"我想，此时此刻大家一定陷入深思，一定在努力回想：我是否问过孩子开心吗？快乐吗？幸福吗？我和同龄的家长一样，在孩子小的时候总喜欢说："只要孩子健康快乐就好！"看似简单的愿望，现在想来，想要实现实在太难。

在这个内卷严重的时代，当"决不能让孩子输在起跑线上"这句名言喊响之时，我们的孩子过早地被推上了人生的搏击场，他们面临着比父辈更为严峻的学业压力。就像网上的段子所说："不谈作业母慈子孝，一写作业鸡飞狗跳。"正如《爸爸妈妈听我说》这首歌曲中所唱的那样："你对我好，我心里都知道，我学学这个学学那个，忙得不得了。"我们的孩子现在越来越忙，忙着上课，忙着写作业，忙着上兴趣班和补习班。我们更关心孩子的学业等级是不是A，今年的各种考级是否顺利通过等，而忽略了孩子们内心的感受。

心理学家阿德勒说过一句名言："幸福的人用童年治愈一生，不幸的人用一生治愈童年。"他说这话的时候是20世纪初，更多的是一种直觉式的推断，今天已经被不少心理实验和脑科学所证实。

一、只要孩子快乐就好

然而，人的欲望会不断变化、增长，作为家长，对孩子的期待也会随着孩子年龄的增长而发生变化，在不知不觉中就会提高对孩子的期望。家长朋友们有没有这样的体验：当孩子生病时，我们内心只有一个想法，只要孩子身体好比什么都强。可当孩子健康时，我们又希望他学习好、体育好、全面发展，甚至揠苗助长。孩子快不快乐我们似乎已经不那么关心了，我们关心的是排名、分数、等级。无论是成绩好的孩子，还是成绩不够理想的孩子，成绩好像就意味着全部，没有之一。是我们"神话"了成绩，还是成绩"愚弄"了我们呢？

因为有中高考的指挥棒在，我们虽然还做不到对孩子的学业毫无要求，但最起码要意识到在完成学习任务的同时，希望孩子能更快乐、更开心。

我的孩子进入初中后，学习时间变得越来越紧张，每次放学接到他，我第一句话就是："今天作业多吗？自习课写了多少作业？"他要么敷衍几句，要么干脆不搭理我。而他一放学就总爱问我："妈，晚上吃什么？"一听这话我就气不打一处来，心想：吃吃吃，就知道吃，一放学就想着吃。其实冷静想一想，孩子见到我就问吃什么，我内心很反感，而我一见到孩子就问作业完成没有，他同样不开心。后来我每次去接他，就给他带个小点心，一方面让他垫垫肚子，一方面也能拉近我们的距离。大家不妨也试一试，放学后见到可爱的孩子，不要上来就问：

今天认真听课了吗？这次单元练习得了多少分？可以转换话题，每天接孩子回家的路上，可以和孩子聊聊今天在学校的开心事，学了什么新知识，下课和朋友做了什么游戏，学校又要开展什么新活动，等等。放学路上的亲子聊天，可以很好地增进亲子关系，让孩子疲劳了一天的身心得到放松。搂一搂孩子，拍拍他的肩膀，面带真诚的微笑，孩子一定是快乐的，我们又何尝不快乐呢？

其实这也正对应了《冷风和暖风》这个心理学小故事：冷风和暖风比赛看谁可以让行人把大衣脱掉，当冷风呼呼地吹时，路上的行人会把衣服越裹越紧，但当暖风徐徐吹来时，行人会觉得很温暖，脱掉大衣。和孩子的沟通是不是要考虑暖风先行呢？这也是良好亲子关系建立的基础。

二、我们敢于坚持快乐吗

孩子天生就是好奇的、好学的，兴趣和爱好是最好的老师，快乐是最大的动力。这是全世界都知道的最基本的教育学原理。我们也一直在倡导"乐学"的教育精神，但为什么我们培养出来的孩子浑身充满着厌学、畏学的情绪呢？倘若哪一天不布置作业，孩子们一定会高兴地跳起来，教室里一定会是一片叫好声。这一点值得我们每一位老师和家长思考，因为事实的确是这样，任何家长和老师都逃避不了责任。家长朋友们经常会在一起聊天，聊得最多的话题可能是：你家孩子有哪些兴趣班？听说别人家的孩子钢琴都过八级了，回家赶紧拎起小棍催促自家娃好好练琴。有几位家长敢坚持让孩子按照自己的兴趣来学习呢？伟大的教育家夸美纽斯说过："没有也不可能有抽象的学生，每个孩子都是一个世界，完全特殊的、独一无二的世界。"这世界上没有两片完全一样的树叶，同样，每个孩子都是独一无二的天使，家长朋友们大可不必人云亦云，坚持自己孩子的特性才是王道。

我曾经的一个学生，成绩平平，甚至处于中下游水平，各方面的能力也相对较弱，算得上是让老师头疼的学生了，可是他有个最大的特点，就是爱阅读。课下别的孩子都在玩耍，他总是一个人捧一本书，或是坐在座位，或是站在走廊，津津有味地读着，甚至上课的时候把书藏在桌洞里偷偷看书。发现这个情况后，我跟孩子本人包括他的妈妈多次交流，希望他能改掉上课看课外书的坏习惯，但效果甚微。思来想去，我反其道行之，索性在班级中不断夸赞他热爱阅读（当然，我淡化了他上课看书的情况），把他作为"阅读达人""读书能手"树立典型，号召大家向他学习，爱上阅读（毕竟有很多孩子是不喜欢阅读的）。我的这个"坚持"没想到竟然成了有效的催化剂，这个孩子慢慢上课不再看课外书了，他觉得同学们都以他为榜样，也在随时监督着他。进入高年级后，他厚积薄发，在一次又一次的习作练习中大放异彩。以点带面式的良性发展开始建立，他的各方面也都在同步进步中。

我庆幸这次我的"坚持"是正确的，让这个孩子在快乐阅读中收获了成功的喜悦。

三、争分夺秒换来快乐

很多家长都在为孩子学习或写作业时磨蹭而感到苦恼，于是，每晚的学习时间就变成了鸡飞狗跳的亲子战场。

我的一个朋友，从孩子刚入学时就对孩子不断地灌输并践行着"争分夺秒换取快乐"的理念。每个孩子都有惰性，放学后，孩子们都想找伙伴玩、看动画片或者去踢足球等，我的朋友一直坚持只要快速且高质量地完成学习任务，所有娱乐均可以自由支配。孩子起初将信将疑，但当父母兑现承诺后，孩子一发不可收，每次快速完成作业，父母都能兑现约定，让他自由支配娱乐时间。周末我朋友从不给孩子上补习班，他坚信"读万卷书，行万里路"。他带着孩子周末踏青游玩、节假日短途旅行、暑假去北京看升旗仪式、寒假去东北雪乡玩雪……每到一处他们都会打卡当地的博物馆。等孩子大一点后，每次出发前他会让孩子做旅游攻略，计划游玩路线。直到中考前半年，他们才停止了这样的"争分夺秒的快乐"，与孩子协商后，孩子也欣然同意了父母的做法。

我的这位朋友就非常有智慧，让孩子自己"争分夺秒换取休息和娱乐的时间"，而不是像有些家长，孩子好不容易早一点完成了作业，又把各种辅导资料搬出来，给孩子增加新的学习负担。这样一来，孩子原本可以快点完成作业的，可为了不做其他练习，于是开始"磨洋工"，故意耽误时间。

四、被"关注"的快乐

进入少年期，哪些孩子是最开心的？哪些孩子是最不开心的？上小学的孩子，通常得到老师或父母的关注是最开心的，最不开心的是那些不被关注的孩子。所以，想要被关注是这个时期孩子感到爱和快乐的主旋律，于是会出现一批"小捣蛋""淘气鬼"，总是隔三岔五地"干点坏事"，究其内心大抵就是在求关注吧！"求关注"就是孩子缺乏自我价值感、缺乏被认同感的外部体现。毕竟被看见、被关注是所有人内心最深层的渴望。这里的"关注"指的不是生活中无微不至的照顾、学习上细致入微的监督，而是由内心的喜爱外化为思想上的关注。前段时间亲戚们在一起聚会，我询问在外地上学的表妹学校生活过得怎么样，表妹很兴奋地说自己当了数学小组长，踢足球的时候竟然带球过了男生，她眉飞色舞地说着，开心得不得了。一家人一边吃饭，一边笑着跟表妹开玩笑，就这样，表妹自然而然地成为全家的视线焦点，正处在青春期的孩子本不喜欢过多地跟大人交流，而这次，表妹在被关注中感受到了快乐和希望，话题也越聊越多，脸上洋溢着开心的笑容。美国人本主义心理学家罗杰斯说："爱是深深的理解和接纳。"家长应该知道孩子行为背后的真实心理诉求是什么，多一点对孩子的理解和关注。

过年时，我见到了许久未见的堂姐，翻看她的朋友圈时看到了一张她正在单位发言时的照片，她和我说，那次开会她特别兴奋，还有些紧张，那些刚工作不久的小年轻都仰着头听她的讲座，每一双眼睛都在看着她，那种感觉特别满足，自己好像和平时不一样了。我看见她脸上露出了微笑和善意，还有从嘴角下透露出来的柔和与自信。堂姐的快乐建立在被同伴肯定、被同伴尊重的基础上，大人尚且如此，孩子又怎会例外？孩子们的每一个"高光时刻"，作为家长的我们真的关注到了吗？及时作出恰当的回应了吗？孩子内心期待父母热切的爱和表达，但很多家长往往流于口头上的敷衍。

家长朋友们，用心去关注孩子，孩子的一颦一笑，孩子的举手投足，都是我们关注的方向。只有发自内心的爱，才会有自然而然的关注和关心。

快乐是我们每个人的追求，没有快乐，也就没有幸福；没有幸福，也就没有创造；没有创造，恐怕也很难拥有希望吧！获得快乐很容易，而想要坚持快乐却需要不断地努力付出，或许我们的生活就是这样，是由许多付出和收获组成的。

第四章

行为管理

战胜拖拉，告别"小磨王"

"7点叫你起床，结果磨蹭到8点还没动。现在好了，早餐来不及吃，画画课还迟到了。""哎，赶快去写作业，今天9点半之前写不完作业，不许睡觉！"这样的话语大家是不是很熟悉，而且每天都在重复上演。心理咨询师们做过一个调查："你最不满意自己孩子的是什么？"结果很多家长的第一个答案就是：拖拉、磨蹭，而且主要反映在以下几个方面：起床困难——每天要喊无数遍；吃饭问题——一顿早饭要吃一小时，嘴巴恨不得一分钟才嚼一下；做作业问题——人家放学就写完了，自家娃搞到晚上十点多还在课桌前咬指甲；等等。类似问题，屡见不鲜，层出不穷。什么时候能够不磨蹭？很抱歉，不可能。因为不管多大年龄的孩子都会磨蹭，这是人的天性。解决问题的前提是理解问题。孩子为什么会如此拖拉？我们首先要正确认识拖拉。

一、认识拖拉

儿科医生和科学家已经发现，孩子是有自己的生理节律的，关于他们的调查研究结果如下：

2岁半以前的孩子，完全没有"时间"这个概念。他们完全活在当下，没有过去的回忆，也没有未来的焦虑。

到了2岁半，孩子对"时间""先后"这些词才有了初步认识。

2岁半到3岁，孩子的时间观念飞速发展，对"过去""现在"和"未来"能分得清了。

4岁的孩子，能够描述出在幼儿园里干了些什么，但还不能具体说出在什么时间干了什么事，这一点要到孩子5岁才能做到。

6岁的孩子更进一步，开始喜欢听爷爷讲过去的故事。但对于类似于半小时、20分钟的时间到底有多长，他们没什么感觉。

7岁的孩子已经能够分得清时间了，但这个时期是他们最磨蹭的时候：在他们的潜意识里面，其实还没有接受在特定时间做特定事情的节奏。

所以，磨蹭其实是孩子成长的必经阶段。孩子需要按照自己的成长节奏，一步一步感受"时间"，感受按时做事情的规律，这样才能形成时间概念，才能真正成长起来。如果家长越俎代庖、替代包办，强行阻断孩子自己对"时间"的感受，结果只能是揠苗助长，最常见的后果就是家长们所讲的"拖拉"现象。

二、拖拉原因

孩子的拖拉到底是怎样形成的呢？有可能与以下几点原因有关。

1. 家长的过度打断导致孩子拖拉

正如上述孩子做任何事都有自己的节奏，家长不能随意阻断，如孩子在看书时奶奶送来一杯牛奶，孩子安静看电视时妈妈找孩子说两句话，孩子玩玩具时家长一会儿指手画脚，一会儿给他擦汗、让他喝水等。这些行为都会干扰孩子做事的坚持度，从而影响孩子对做一件事所需时间的认知与感受。

2. 孩子的性格所致

有的孩子的拖拉磨蹭并非故意，是性格所致。比如，有的孩子天生注意力分散，做一件事注意力不能持久；有的孩子适应度低，在家很自在，一旦到了陌生的环境或公共场所就局促不安，无所适从，躲在爸爸妈妈身后，不参与活动也不和人说话，即使别人邀请也不迈出步子；有的孩子规律性低，人家孩子白天玩耍晚上睡觉，他却黑白颠倒，白天睡不醒，晚上或哭闹或玩耍，就是不睡觉。

这类孩子玩的时候很高兴，但一提到作业和功课就打不起精神，专注力不够，拖拖拉拉，不逼着做绝不动弹，孩子学习能力欠缺，不会做、不会学、做不好，长此以往，导致孩子自我价值感不足，甚至到最后变成家长代替做作业。我身边就有一位这样的宝妈经常为儿子写作业，现在已经发展到孩子不想上学、天天迟到的现象，孩子形成过度依赖。

3. 父母唠叨多、打骂多，持续否定，接纳不足，导致孩子没有自信

家长看到的都是孩子身上的不足和缺点，当孩子玩的时候说他糟蹋地方把衣服还搞脏了，当孩子写作业时嫌弃他写的字不认真、动作太慢、时间太晚，当孩子考了90分时立马就说"那个谁谁谁考了多少分？你和她比怎么样？你看这道简单的题就不该错，下次必须考95分，听到没"，这样的家庭通常亲子关系不好，夫妻关系也恶劣。家庭环境差，父母陪伴效果差，导致孩子安全感严重不足。

4. 时间管理差导致的慢

很多孩子，尤其是小学中高年级孩子，本身资质还不错，家庭关系也比较和谐，却因为做事没有目标和计划，缺乏时间紧迫感，体会不到时间的重要性，做事分不清重点，也没紧迫感，在做事的过程中家长也

没有起到很好的引导作用。

三、告别拖拉

那么如何应对孩子的拖拉问题？怎么帮助孩子战胜拖拉、告别"小磨王"呢？关键在于家长，小学生的行为问题主要是靠家长来帮助解决的。

首先，要保证孩子做事时间上的连续和空间上的稳定。家长的强行阻断会影响孩子做事的一致性。当孩子玩游戏、看电视或写作业时，家长不要随意打断孩子或打扰孩子。比如，在孩子写作业时，家长不要一会儿送点吃的，一会儿拿杯奶来，一会儿来提醒一下坐姿。家长要尽量让孩子养成在同一场所干同一件事的习惯，看书写字就在书房完成，玩玩具就在游戏区域，等等。在熟悉的环境下做同一件事也会培养孩子的安全感。孩子做事专注力差，家长有绝对的责任。

其次，对于专注力差的孩子，家长要想办法训练孩子的听觉专注力和视觉专注力。无论孩子是天生的还是后天形成的专注力差，都要通过训练进行弥补。比如，玩亲子游戏《我说你听》。"妈妈现在和你说话，你一定要看着妈妈的眼睛哟，然后把你听到的话重复给妈妈听。"如果孩子不看你，那你就去追踪他的眼神，可以加一些拉小手、扶肩膀等动作，也可以让孩子进行短时间专项训练，如一分钟口算，看看能做对多少题，一分钟能写多少个汉字、能跳多少次绳等，然后从一分钟慢慢提升到五分钟、十分钟，让孩子能看见自己的成果，也能看见自己的进步。你还可以鼓励孩子进行乒乓球等体育运动，颠球、发球、接球等都能有效提升视觉追踪能力。

如果孩子对任务有畏难情绪或抵触心理，还没做就觉得自己不会做也做不好，压根连尝试的勇气都没有，家长需要示范做、一起做、看着做、鼓励做。首先，家长要将活动或任务细分为几个部分，由简单入手，给孩子做正面示范，让孩子发现原来事情没那么难，再邀请孩子一起参与到任务中，初步体验成就感；然后，家长作为旁观者引导孩子独立完成任务，在观察过程中要多鼓励，不批评指责，逐步增强孩子的自我价值感。通过日复一日的陪伴与指导，孩子终会长大并独立。切记不可出现只陪几次就认为孩子不需要家长了。培养一个好习惯需要21天，也可能要教210遍。

对于缺乏动力，即安全感和价值感不足的孩子，家长首先要转让主动权，告诉孩子写作业是他的事情，家长可以提供有限选择，如："你是玩十分钟写作业呢，还是玩五分钟写作业呢？你来决定！""十分钟后，是自己去写作业呢，还是妈妈提醒你去写作业呢？你决定！""你是先写语文呢，还是先写数学呢？你来决定！"不管怎么样，都是由孩子来决定！这样是不是把主动权转移了？其次是启发式提问。"宝贝，今天晚上作业准备怎么安排呢？""宝贝，这个周末，你计划怎么安排呢？""宝贝，这个数学作业，你是怎么计划的呢？"询问孩子自己的想法，让孩子自主决定安排。我们要让孩子意识到这个事情是孩子的事情，不是家长的事情！

四、时间管理

最后，我想着重和大家交流有关时间管理的话题。这对于小学中高年级的孩子来说至关重要，甚至影响到他们成年后的工作状态及生活幸福感。

时间管理有三个层次。假如老师要求下午上课前把课堂作业本交上来，身边有一些孩子，每次的作业都要等到放学时才交给组长，效率较低；而有一些孩子在午间课堂时就能把作业写完，这说明他们的效率比较高；还有一类孩子不仅在午间课堂时间写完了数学作业，还把语文作业也完成了，他们基本不做无用功，都在做有意义、有价值的事情，他们做事的效率非常高。那么，怎样才能做到不盲目地忙呢？可以通过以下几步培养孩子的时间观念。

第一步，写愿望清单。以学期为单位或以月为单位，让孩子列出学习、生活中自己认为比较重要的事和紧迫的事。重要的事是指对孩子生活、学习会产生重大影响的事情，紧迫的事是此刻不做就会给我们带来麻烦的事情。根据调查发现，家长眼中的紧急重要的事基本都与孩子的学习有关，而孩子心中的要紧事却截然相反，他们认为玩才是第一位，尤其是男孩。

第二步，对愿望清单进行加工分类。如果孩子比较固执，可以邀请老师协调，通过家庭会议等方式梳理出既紧急又重要的事，如当天的作业以及不紧急但很重要的事，如兴趣培养、责任培养、体能训练等。除了明确应该做哪些事，还得预知可能出现哪些干扰事物或逃避活动的情况，如写作业时有同学突然来电话喊出去玩，弹琴过程中频繁上厕所，等等。当然也要给孩子适当的娱乐放松时间或自由支配时间，如亲子游戏、亲子共读、户外运动、志愿服务等。

第三步，制作每日活动安排表。这份安排表最好能每周制作一次，每次规划一周的活动安排，要有具体的时间和内容。制作安排表时要注意以下几点：

（1）确定需要制作安排表的时间段（如每周安排、假期安排、节日安排、周末安排等）。

（2）根据清单，引导孩子规划各时间段的内容并进行合理排序，每天列出1~3个最重要的事，每周列出需要完成的重大事件，当然紧要事越早做越好。

（3）可以用列表、画图、贴纸等形式完成安排表。

（4）以孩子为主体，让孩子参与越多越好。

（5）不要加入外部奖励，让孩子体会内在的充实感。

总之，我们可以通过每日活动安排表培养孩子掌控自己生活的能力，让他们感受"我的时间我做主""我的事情我说了算"。据统计分析，成功人士与普通人的时间安排区别在于：普通人把大部分时间花在紧急不重要的事情上，而成功人士把大部分精力放在重要不紧急的事情上。因此，我们不要小瞧活动安排表的作用哟，日积月累，积少成多，从量变到质变，不同的安排往往成就不同的人生。

第四步，执行阶段。按照活动安排表的顺序依次进行活动，不要随意更改活动的顺序或内容，多问孩子"你的安排表的下一项是什么"。如果有某一项活动需要完成的时间较长，且注意力需要高度集中，如弹琴、画画、写作业等，可以使用番茄工作法，即工作25分钟休息5分钟，再工作25分钟休息5分钟，这样持续2个30分钟后进行一次30分钟左右的大休息。如果孩子没法持续25分钟可以适当缩短时间，注意每个25分钟内孩子要尽量投入，不做与活动无关的事情，家长可以买一个番茄钟或闹钟予以提示。

第五步，回顾反思。当天每完成一项任务就打钩，这样就会发现事情越来越少，孩子就会越来越轻松，压力也慢慢减少；每天晚上回顾日程安排，调整来不及完成的活动；每周日回顾上周安排，可以对重要项目活动进行重点回顾，厘清事情的重要节点，和孩子一起讨论："如果下一次遇到这件事还可以怎样做？还有别的方法吗？"再调整下一周的日程及行动计划。如果孩子能如期完成任务或在活动过程中表现得非常积极认真，可以给孩子适当的评价反馈，如采用鼓励墙的形式——当家长觉得孩子做的事情值得肯定时就写一张鼓励卡，贴在鼓励墙上。如：

"今天某某宝贝发现妈妈不舒服，主动打好洗脚水让妈妈泡脚，妈妈感觉很温暖，你真是个孝顺的孩子。"

除了写鼓励的话语，还可以给孩子的活动赋分，做好一件事就得相应的积分，如每日劳动10分钟得1分，运动20分钟得1分，作业按时完成得1分，做完语文作业全对得1分，等等。积分记录在一个专门的记录本上，累积到一定分数可以交换奖品。比如，50分换一个文具，100分换想要的玩具，500分换电话手表，1000分换喜欢的宠物，等等。这既是一种激励手段，又能培养孩子的责任心、恒心和毅力等。作为家长，要善于鼓励，哪怕孩子做得不好，也要用显微镜、放大镜找到孩子的闪光点！我们要学会想要什么夸什么，要具体地夸，要持续地夸。

描述性鼓励

1. 我注意到你一放学回来就写作业，这就叫独立。

2. 我注意到你中间休息了10分钟以后，接着又写其他作业了，这就叫自律。

3. 我注意到你在约定时间内关闭了电视机，这就叫遵守约定。

4. 我注意到你在写字的时候，一边写，一边读，这就叫专注。

5. 我注意到你写完作业以后还检查了一遍再叫妈妈签字，这就叫认真负责。

6. 我注意到你完成作业后陪弟弟/妹妹玩，这就叫有爱心。

7. 我注意到你在洗澡之前整理好了衣服和毛巾，这就叫事先有计划。

8. 我注意到你在晚上10点的时候还在写作业，这就叫坚持。

感谢式鼓励

1. 谢谢你遵守我们的约定，在晚上9点之前完成了家庭作业。

2. 谢谢你把完成的作业主动拿给妈妈签字。

3. 谢谢你在6点吃饭的时间，准时来到餐桌前。

4. 谢谢你帮妈妈分担，带弟弟/妹妹玩耍。

5. 谢谢你的理解，让妈妈不再为自己的吼叫而感到自责。

6. 谢谢你在睡觉之前跟家里的每个人都道了声"晚安"。

7. 谢谢你在写完作业后主动练琴/书法。

当然，无论采取哪种方式都贵在坚持，而且是家长的坚持，坚持陪伴孩子，坚持培养孩子认真做事的好习惯，坚持让孩子成为更优秀的自己。

"双减"背景下，家长要不要辅导
孩子做作业

最近关于辅导孩子做作业的网络热词频频刷新各大网络平台，如"辅导作业就像渡劫，不写作业母慈子孝，一写作业鸡飞狗跳"。一些家长在辅导孩子做作业时，一道题目讲了很多遍，孩子还是不会，家长的情绪就特别容易失控。孩子写作业磨蹭，写作文半小时只写几句话。家长面对这种棘手的问题，往往情绪失控，甚至闹出很多笑话。有网友宝妈爆料，自己下班后，回到家发现丈夫将自己的双手绑在身后，辅导孩子做作业，经询问得知宝爸担心自己情绪失控，将双手捆住以免误伤小孩。还有家长因为辅导作业心跳加速、血压异常。其实作为孩子，写作业也给他们带来了一些苦恼，如他们会抱怨写作业没用，耽误时间；作业太多了，写起来很累；写作业时家长总是唠叨，催促快点完成；等等。

就在家长们万分焦虑时，"双减"政策来了。2021年7月，中共中央办公厅、国务院办公厅印发《关于进一步减轻义务教育阶段学生作业负担和校外培训负担的意见》，提出"全面压减作业总量和时长，减轻学生过重作业负担"的目标。在"双减"政策实施后，家长们有一个很大的疑问，以后还要不要辅导孩子做作业呢？

通过研读政策，我们知道"双减"政策是以校内校外双管齐下为思路，通过对中小学阶段学生的作业负担和校外培训负担进行综合治理，舒缓中小学生过早过重面临的育人与应试之间的矛盾，推动育人方式改革和基础教育高质量发展。减轻过重的作业负担、减轻校外培训负担，目的是释放学生的主体活力，让学生有意愿、有时间、有空间自主发展和个性化成长，提高整体素质，发展健全人格，更加凸显学校、家庭的主体责任，充分发挥学校教育和家庭教育的协同育人功效，引导中小学生以整体的、系统的观念处理好学习时间和学习效果、学科成绩和课外活动、知识积累和核心素养、知识点和求知欲的关系，使学生的知识、才能、身体、精神、个性得到全面而丰富的发展，真正成为德智体美劳全面发展的社会主义建设者和接班人，担负起实现中华民族伟大复兴的历史重任。

因此，家长必须意识到"双减"绝不是"放任不管"，孩子的教育也不是仅仅依赖于学校和教师。"双减"不能以放弃质量和分数为代价，相反，更应该追求高质量绿色发展。"双减"不减家长的责任，"双减"不减孩子的健康成长，"双减"不减绿色的质量。孩子的苗壮成长，离不开家庭氛围的熏陶、家长的悉心教导。"双减"背景下，更加考验家长对孩子的整体规划和科学育儿知识的储备。

家庭作业作为学生在非在校时间内完成的任务，是对当天所学知识的复习、巩固与运用。由于学生在家里完成，家庭作业为家长的参与提供了机会，辅导家庭作业是家长进行家庭教育的重要内容之一，也成为家长了解孩子在校学习情况的一种途径。一方面，家长可以根据作业的布置了解教师当前对学生学业的要求，知道本节课的教学重点，从而更好地配合教师教学工作的开展，还可以就孩子作业的完成情况与教师沟通，发现孩子的不足，有针对性地对孩子进行辅导；另一方面，家庭作业除了具备知识性价值外，更为重要的是让学生在完成作业的过程中养成良好的学习习惯，家长的参与更直接影响着学生学习行为习惯的养成。因此，我们说"家庭作业"是联系学校教育与家庭教育的重要枢纽，是一个双向互通的媒介，关注学生的家庭作业是发挥家校合力，进行家园合作的重要内容。

一、家长指导作业的误区

1. 作业完成了吗，有没有检查

家长工作节奏紧张，工作量大，应酬多，压力大……身负重任的家长常常觉得身不由己，无法抽出时间陪孩子写作业。所以，当八九点到家后，家长见到孩子也只能问一句：作业完成了吗？有没有检查？渐渐地，这句话成了父母的口头禅，家长以此表达对孩子的关心和爱。就算孩子回答了，也不代表他已经完成作业了。孩子并不能从这句话中感受到关爱，会认为家长只是漫不经心地问，他们要么用敷衍的态度应付家长，要么叛逆地表达不满。

2. 磨磨蹭蹭，你能干啥

家长指导孩子写作业时，经常会唠叨责备孩子。比如，"字写好看点！""背需要挺直。""写快点嘛！""你怎么那么笨！"见到孩子写作业磨蹭，就开始催促；发现孩子把简单的题做错了，就血压飙升；看到孩子书写马虎，就情绪失控。最后陪作业陪得身心俱疲，爸爸咆哮，妈妈郁闷，一家人也跟着受罪。

但是，当我们不断地催促、批评、责骂的时候，孩子感受不到关爱、信任和肯定，而是被批评、否定和伤害。虽然父母的用意是希望孩子再快一些，做得更好一些，但不断唠叨孩子，引起超限效应，导致孩子厌烦、生气、发脾气等，孩子的作业质量会更低。

3. 语调强硬，压迫感十足

很多父母都知道要温和而坚定，不要吼孩子，但当辅导作业遇到问题时，就没法好好说话了，要么扯着嗓子，要么硬压心中怒火，自以为没有咆哮，但语气语调已经透露出愤怒。"我都讲了多少遍了，你到底听懂没有？你上课是怎么听讲的？你能不能专心一点？"这些话，听起来不吼不叫，但势能巨大。父母觉得自己已经很忍耐了，但在孩子听来，就是乌云压顶、山雨欲来。在这样的压迫下，孩子内心是十分恐惧的，不知道哪个问题回答错了就挨一顿男女混合双打。当人类感知到危险临近时，大脑中的杏仁核就会被激活。而杏仁核一旦被激活，就会抑制前额叶的功能。前额叶的功能就是能让孩子有逻辑地思考、高效地完成作业。一旦前额叶的功能被抑制，孩子的外在表现就是脑子停止思考，因为他的注意力都集中在怎么防范风险上，根本没有精力去思考题目。然而家长意识不到这一点，一看到孩子一副呆若木鸡的样子，更是火上浇油，家长越愤怒孩子越惶恐。

4. 聚焦错误题目，忽视进步点

很多父母在辅导作业时，会自动忽视孩子做对的题目以及作业中进步的地方，他们认为只要上课认真听讲，题目会做是应该的，不会做才是不应该，于是在辅导作业的过程中，只关注错误题目。这就造成了家长在辅导作业时，关注点全在孩子的错误和问题上，辅导作业的过程中只有家长讲解、质问和批评的声音。时间长了，孩子就会把辅导作业和紧张压迫感联系起来，本能地抗拒学习。

二、高质量指导作业的方法

1. 培养时间观念，营造作业环境，专心做好一件事

家长要从小学低年级培养学生的时间观念和时间规划的能力。一是固定家庭作业的时间段。家长可以与孩子一起设置家庭作业时间表，把在家庭中学习的那段时间固定下来，让孩子养成习惯，形成条件反射，让学习变得就像呼吸一样自然。尤其是寒暑假，让孩子按照作业时间安排表每天合理安排学习和生活，形成良好的作息习惯。二是固定作业完成的时间长度。让孩子自己设置一个完成作业的时间，可以用计时器坚持训练，慢慢地，孩子就会根据作业多少，自我预估时间，自我进行规划，不断提升做作业的效率。

家长应为孩子营造作业仪式感，让孩子感受到做作业是一件严肃且需要专注的事情。仪式感的营造，对孩子来说是意义非凡的，给孩子带来新鲜感，也会对孩子产生莫大的鼓舞。比如，做作业前，做好所有准备工作，上好洗手间，洗好手，削好笔，书房外放上一个"请勿打扰"的门牌，整理好书桌，为孩子打造安静简洁的作业环境，避免干扰因素的影响，把每天完成作业当成一次自我的旅行，一次创作的旅程。

在做作业的时候，我们要求孩子做好作业这一件事。有的孩子一边吃东西，一边做作业；有的孩子一边听音乐，一边做作业；有的孩子做作业时一会儿去卫生间，一会儿要喝水，时间在不知不觉中就浪费掉了。所以，家长要对孩子严格要求：做好作业这一件事情。

2. 耐心陪伴，长远眼光，花式表扬

家长应该清楚我们辅导孩子写作业拼的不是父母的智商，而是父母的耐心。教育需要静待花开，孩子才会稳健，后劲十足。每个孩子都是父母的宝贝，我们允许孩子写作业的过程中出错，并引导孩子发现错

误，改正错误；我们在讲解题目时，需要耐心讲解，站在孩子的角度；要结合孩子当下的年龄特点和理解能力进行讲解，不要总觉得孩子一遍就能听懂；要充分相信孩子，相信孩子慢慢能够养成自己解决作业中的问题的能力，给予孩子在作业中体验成功的机会，从而让孩子慢慢获得自信。

家长在陪孩子写作业时，要有长远眼光，不能只看到眼前的问题，应该思考辅导作业的同时，可以培养孩子哪些能力，助力孩子的可持续发展。比如，认真完成作业就是在培养完成任务的主动意识，应对处理作业的压力就是在锻炼应对未来工作的承受能力，完成作业的过程是在培养系统思考的能力，坚持认真完成作业则是在训练克服困难的毅力。家长需要接纳自己的孩子，顺应孩子的发展规律，发现自己孩子的特点，用长远的眼光去看待孩子和培养孩了，不将目光局限在做完作业的短视上。

陪孩子做作业，是引导孩子更愿意做作业，更愉快地完成作业，而不是让孩子讨厌做作业。所以，我们要在这个过程中不断发现孩子的优势，并不断地强化。在辅导作业的过程中，我们应及时地对孩子给予正面的评价，用描述性的语言鼓励自己的孩子，表扬孩子的努力与坚持。比如："哇，你定了半小时完成，真的完成了呀，太棒了！""不用妈妈提醒，你就知道要阅读啦！""你今天把时间安排得刚刚好！"得到我们的表扬，孩子会在家庭作业方面越来越自信。

3. 平行陪伴，引导独立思考，侧重不同阶段作业习惯

有些家长在孩子写作业时，全程坐到孩子身边，时不时还要用"居高临下"的方式给予指导，孩子已经努力写了，也不能让家长满意，反而被"不断挑刺"要求重写；或者是家长一边看孩子写作业一边刷短视频，这些方式都是不恰当的辅导。正确的做法应该是：孩子做作业，我

们坐在孩子身后拿本书看，或者与孩子一起努力，孩子做作业，家长做自己的工作，安静地陪伴。家长要用自己的实际行动和专注的态度引领孩子，感染和熏陶孩子。

孩子在做作业过程中遇到难题很正常，当孩子遇到难题时，家长千万不要立刻告诉孩子答案，而是要引导孩子先自己独立思考，想办法解决。比如，家长可以问问："你想到哪些了，在哪里遇到了困难？""再想想说不定会有新收获。"千万不要直接讲解，避免孩子产生惰性思维，过分依赖家长。当孩子想出解决方法后，我们再引导讲解。最后，我们还可以让孩子将解题思路说给家长听，培养孩子独立思考的能力。

从全程辅导作业到自主学习，是逐步放手的过程。从"父母让我这样做"，到"我知道怎么做"，再到"我计划这样做"，这是一个逐步完成的过程，也是一个逐步递增的过程。比如，一、二年级的大部分孩子由父母主导完成实践活动；孩子到了三、四年级，家长慢慢放手，让孩子自己独立完成一部分家庭作业；孩子到了五、六年级，家长要锻炼孩子自主复习的能力；孩子到了七、八年级，家长要锻炼孩子选择判断、自主学习的能力；孩子上了高中，家长要让孩子自主选择学习进度。因此，父母辅导作业是需要从低年级逐步搭建台阶，帮助孩子稳步走向自主的过程，这也是家长辅导作业的最终意义所在。

指导作业的最终目的是让孩子完成学业，帮助孩子在做作业的过程中获得知识上、技能上、思维上的成长。因此，日常学习中，家长还要多和老师联系，及时掌握孩子的在校学习情况，多和孩子交流，与老师、孩子形成合力，共同促进孩子的成长。希望每位家长在辅导作业的过程中都找到与孩子相处的温馨时光，让辅导作业成为家长与孩子的美好回忆。

孩子说谎怎么办

作为家长，您可能经常会遇到这样的情况：孩子平时做错了事总是不承认，还找各种理由为自己辩解；孩子作业没有做完，到学校后经常向老师撒谎说忘记带了，或者作业丢了……面对孩子明目张胆地说谎又死活不承认的样子，真的是气不打一处来。家长为此感到十分焦虑，有的家长甚至动粗，打骂孩子，没有父慈子孝，只有鸡飞狗跳，可是孩子的谎言却依然不断。

面对孩子的说谎问题，相信很多家长都会有这样的困惑：一个从小那么单纯的孩子，怎么突然就学会说谎了呢？怎样才能改掉孩子说谎的毛病？如何引导孩子说真话、做一个诚实守信的人？下面我就和大家一起来探讨这一话题。我将从孩子谎言的类型、说谎的原因和说谎的应对策略等几个方面和大家交流。

一、冷静分析原因

其实面对孩子的谎言，我们不用大惊小怪。没有人天生就会说谎，也没有人一生从来没有说过谎，谎言有时候是生活中必需的，在一定程度上也可以认为是孩子成长的一种表现，而且有的谎言是善意的，有的谎言是不良的。面对孩子撒谎的现象，我们首先要冷静分析孩子的谎言属于哪种类型。在心理学上，谎言通常被分为以下几种类型。

（一）说谎的类型

1. 想象型说谎

小孩子大多具有天马行空的想象力，经常结合自己看到的动画片和一些神话故事，甚至会结合自己的梦境，把一些美好的事物、自己的愿望和现实中的生活一起绘声绘色地说给别人听，说的时候甚至把自己都欺骗了。这种谎言常常会出现在小学低学段的孩子身上，往往没有什么恶意，孩子觉得这样比较有趣，跟编故事一样。

2. 取乐型说谎

有些孩子用说谎来捉弄别人，故事《狼来了》中那个小孩就是典型的例子。我们生活中也会有这样的孩子，如跟某个同学说老师喊他去办公室，结果这个同学心惊胆战地跑过去，发现竟然是同学捉弄了他。

3. 虚荣型说谎

有的孩子说谎，是为了得到他人关注或者表扬，抑或是想得到某种奖励，这大多是孩子的虚荣心在作怪，也有可能是孩子本身没有得到应有的关注和表扬才会导致这种现象发生。

4. 模仿型说谎

家长或者身边的人在日常生活中处理一些事情时经常性地说谎被孩子发现，有的家长甚至帮孩子说谎，如孩子作业没做，家长跟老师说作业做了，就是找不到了。时间久了，孩子也慢慢学会用谎言去摆脱自己所面临的困境，因为他们的身边就有这样的范例供他们去模仿。

5. 侠义型说谎

这种谎言经常出现在年龄相差大一点的兄弟姐妹或者好朋友之间，为了保护自己的弟弟、妹妹或者好朋友，代替他们承认错误，以显示自己为朋友两肋插刀的义气。

6. 被迫型说谎

孩子犯了错误，不敢承认，便用说谎来掩盖错误，逃避父母或者老师的惩罚。比如，有的孩子打破了妹妹的奶瓶，一想到这个奶瓶是妈妈刚买的，而且挺贵，被妈妈发现，迎接他的可能是一顿"胖揍"，为了逃避惩罚，于是启动了自身的防御机制，用说谎来保护自己。这也是小学阶段孩子谎言的主要形式。

（二）说谎的原因

我们了解了说谎的类型，接下来根据孩子说谎的动机和目的，结合生活实际来分析孩子说谎的原因，大概有以下几种。

1. 不能准确把握事实，易受暗示

孩子不能准确表达，甚至把自己想象的事放进现实中，导致说了假话而不自知。

生活中这样的事例比比皆是。就在前几天，我们班的豆豆突然跑过来告诉我："刘老师，我告诉你，我和果果昨天穿越了，我们到了一个森林，那里可神奇了，果果昨天约我九点钟一定要上床睡觉，没想到我们果然能穿越！"面对孩子天真的小脸，我们要明白这种谎言就是一种幻想和想象的表现。

2. 为了逃避责罚，缺乏担当

孩子知道自己做错事会有不好的后果，不敢担当，于是撒谎为自己的错误行为开脱。这是小学阶段孩子撒谎的一个主要原因。这样的孩子大多有受到大人粗暴责罚的经历，以及因不如实汇报而躲避责罚的体验，

所以习惯通过撒谎规避责骂。心理学上认为，撒谎是一种人体本能的防御机制，孩子在觉得自己的安全受到危害时，就会启动这种防御机制，和他沟通的父母和老师也被列入了敌对面。也就是说，孩子在老师或者家长面前撒谎，预示着我们和孩子的亲子关系或者师生关系出现了问题。

3.偶尔因为撒谎而得利，受到激励便会反复

偶尔因为撒谎而得利，受到激励便会反复。例如，一次考试中，孩子通过作弊取得了不错的成绩，自己打破花瓶谎称是别人打破的没有受到惩罚，等等。

4.家长不诚信的示范

家长当着孩子面撒谎或帮着孩子撒谎，让孩子觉得撒谎正常。例如，作业不能完成，家长和孩子一起编理由逃避老师的批评。还有的家长在日常生活中与孩子谈论社会坑蒙拐骗的现象，孩子也会模仿，这也会让孩子产生社会缺乏诚信的感觉。

5.急切想得到赞同、尊重和关注，导致出现吹牛的行为

比如，孩子回家说老师今天夸自己了，同学们都很喜欢他，以换来家长的关注和表扬。我们班级就曾经有过这样一个孩子，学生回家跟妈妈说，她今天在班级上台表演了，老师和同学们都很喜欢，她煞有介事的描述仿佛真的有这回事一样，其实这些事情根本就没有发生。

6.家庭成员教育观念不一致

面对孩子的错误或者一些突发事件，家庭成员的教育观念不一致，甚至出现一个家长要惩罚、一个却要袒护孩子的现象，导致孩子无法找到判断对错的依据，从而说出一些与事实不相符的话。例如，妈妈说孩子不能看电视，爸爸却说看十分钟也行；父母不让吃糖，爷爷却把糖偷偷塞进孩子口袋里；等等。孩子慢慢就不知道该听谁的，父母等多方的教育影响都会弱化，到后来就出现孩子谁都管不了的现象。在心理学

上，这叫做"手表定律"：你戴一只表，可以很明确地得知时间；你戴两只表，对时间的概念就不是那么清晰和确定了。到后来甚至有的孩子觉得即使自己犯错不承认也没有关系，甚至采用强硬的态度，变本加厉地说谎，因为他知道家里有自己的"靠山"。

二、寻找最优应对策略

分析了说谎的类型和原因之后，我们就要寻找解决孩子说谎的最优策略了。在应对孩子说谎的问题上，我们首先要明确孩子是否真的在说谎，是不是孩子的想象？如果是孩子的想象，我们可以夸一夸孩子故事编得真有趣。同时我们可以告诉孩子，遇到坏人，出于自我保护，是可以说谎的。如果孩子真的出现有明显动机的说谎，我们可以从以下几个方面入手。

1. 抓住关键期，树立诚实诚信的价值观

孩子在七岁后认知能力明显增强，我们应利用好这段时间来引导教育孩子的说谎问题。平时我们可以讲一些与诚实、谎言有关的寓言故事以及让孩子观看有关的动画片等，让孩子自己去评价故事里的人和事件，他们哪里做得好、哪里做得不好，让孩子在有趣的故事中树立诚实的意识，并慢慢地在实际生活中去形成诚信的价值观。

2. 以身作则，做孩子诚实的榜样

孩子有很强的模仿性，尤其是父母的一言一行，孩子们都有可能有意无意地模仿。研究证明：说谎话的孩子大多出自父母常常说谎或不遵守诺言的家庭。因此，我们如果希望在孩子纯洁的心灵上打下诚实的基础，首先就要以身作则，做孩子诚实的榜样，不在孩子面前出现一些明显撒谎的举动，即使有的时候是不得已而为之，也尽量避开孩子，甚至父母可以配合演一演，如爸爸做错事，勇于承认，取得妈妈的宽容和原

谅，给孩子树立敢作敢当、诚实守信的榜样。

3.不惩罚主动认错的孩子

孩子在生活中难免会有闯祸或者成绩不好的时候，如果孩子主动认错换来的是父母粗暴的批评甚至是体罚，说谎话却可以使孩子逃过责罚，那么孩子就会逐渐产生说真话会受到惩罚，不说真话倒能平安无事，甚至可以赢得父母的赞赏的错误认知。这样一来，说谎的习惯在不断强化，于是就出现了孩子说谎越来越严重的现象。

对于主动认错的孩子，首先我们要肯定勇于说实话的行为，然后和孩子一起分析错误的原因，帮助孩子改正错误，取得进步。这样，孩子以后就不怕对家长讲实话，遇到困难也会乐意向家长求助。

接下来，我们来看一个案例：

糖糖一家三代同堂，妈妈脾气暴躁，动辄打骂；爷爷奶奶溺爱，和爸爸妈妈教育观念不一致，经常袒护孩子。一次，糖糖没有上兴趣班，爷爷奶奶带孩子去游乐场了。兴趣班老师把这件事告诉了妈妈，妈妈很生气，于是各种逼问甚至动手打孩子，爸爸上来护孩子，于是糖糖"逃过一劫"。事后，妈妈又哄着孩子，说如果她承认了，妈妈不会生气，于是糖糖承认自己撒谎了，这次妈妈确实没有动手打她，却在心里认为糖糖就是个爱说谎的孩子，甚至在以后的行为里都会有意无意地表现出对孩子的不信任。

我们看到本案例中的糖糖为了躲避惩罚而说谎，妈妈不相信孩子，孩子更没有安全感。心理学家曾经说过：谎言是孩子为了躲避责罚和惩戒而寻找的避难所。面对这种情况，我们就没必要一直盘问孩子，而是给孩子创设敢于说真话的宽松环境。父母切不可粗暴地打骂或者体罚孩子，这样孩子的谎话只会越说越多。

4. 不给孩子贴负面标签

很多父母在意识到孩子说谎以后，和糖糖妈妈一样会给孩子贴上"小骗子""谎话大王"的标签，但这种标签有着非常大的负面作用。长此以往，孩子就会在大脑中形成对自己的认知——我就是爱说谎。标签具有很大的导向作用，对孩子的影响是无限的甚至是终生的。面对孩子说谎话的事实，我们要做的是正面引导，而不是一直强调负面评价，换一种信任的口吻对孩子说"爸爸妈妈相信你是一个诚实的好孩子"，或者说"我相信你能够诚实地面对这件事情""我希望你下一次能够实话实说"。这样孩子就会把父母的话看成宽容和鼓励，从而慢慢地改掉说谎的坏毛病。

5. 给予孩子赞同、尊重和关注

有的孩子急切地想得到赞同、尊重和关注，导致出现吹牛的行为。这个时候我们家长就要反思是不是平时给予孩子的关注和表扬太少了，孩子需要我们的肯定和赞许。

6. 重建亲子关系

孩子在家长面前说谎，说明在一定程度上孩子不信任父母，在父母那里没有得到应有的安全感，把父母放到了对立面。孩子或许有过跟爸爸妈妈说真话，但被严厉斥责或者惩罚的经历，从而慢慢地对父母不信任。如果孩子已经出现了说谎的现象，我们现在要做的就是重建亲子关系，让孩子重新树立对我们的信任，给孩子足够的安全感。当孩子说谎话时，我们不必每一次都要揭穿，甚至步步紧逼，让孩子承认谎言。既然孩子已经养成了这个坏习惯，我们现在要做的是改变孩子的行为习惯。但是在某些时候，我们可以适当地透露最近他撒了哪些谎，让孩子知道其实父母知道他在撒谎。这个时候孩子可能会突然发现，原来没必要在父母面前撒谎，这一点非常重要。因为相对于为避免惩罚而撒谎，没必要说谎更容易去实现。而让孩子觉得自己没有必要撒谎的前提是孩子是信任父母的，不会把父母放到自己的敌对面，不把父母当成威胁到自身安全的人。跟孩子建立信任后，我们更要对孩子有一个宽容的心态，发自内心地给孩子改过的机会，而不是表面上说原谅孩子，内心却觉得孩子就是个撒谎大王。

7.统一家庭成员间的教育观念

在日常生活中，教育观念的不一致常常表现在父母教育观念不一致、父母与爷爷奶奶教育观念不一致上。父母作为孩子的第一任老师，对孩子的心理健康发展起着举足轻重的作用，协调家庭成员间的不同教育观念是做父母的义不容辞的责任。无论是父母之间，还是父母与长辈之间，我们对于孩子教育的目的和初衷都是一致的，都是希望孩子能健康成长。既然目标一致，一切都可以商量。家长可以确定在日常生活中的一些要求和原则，大家一致去遵守执行，即使在一些事情上有不同的意见，也尽量不要在孩子面前表现出来。

孩子在成长的道路上一定会遇到这样或那样的问题，因此，我们要对孩子多点爱护、多点宽容、多点陪伴，和孩子一起面对成长道路上所遇到的问题。可是改变父母的性格特点和家庭教育观念的这条路，道阻且长，所以作为家长，真的要好好"修炼"，与孩子共同成长，静待花开。

舍得用孩子，孩子才能成大器

教育孩子是一门学问，是一门值得所有家长"活到老，学到老"的学问。但是，当今家长在对孩子的爱上却存在误区：只知怜惜孩子，不舍得用孩子！

无数教育孩子的事例证明，爱孩子就要舍得用孩子。一个人在被他人需要和为他人付出时，才能感受到自己的价值。一个孩子被大人使用和需要时，才能感受到自己幼小的生命是多么伟大，进而感悟到一种深深的爱意，并且产生强烈的责任感。有的父母把孩子当"宠物"养，什么都替孩子干，从不让孩子为自己做点什么。其实，母亲对儿子的肯定，最能激发男孩的潜力。为了给妈妈一个惊喜，儿子可以创造出奇迹，这种动力能使一个弱小的男孩成长为勇敢的男子汉。

那么，父母该如何用孩子呢？我将从以下几个方面阐述教育孩子的心得和感受。

一、学会放手

哲学家斯宾诺莎指出：人越自由越主动，其存在就越圆满。自由和自主性是人之所以为人的根本。人类与动物的根本区别在于，动物是按照自然为其设定的规律本能地生存，而人类有超越自然本能的自主性，能够自主设计规划自己的生活。

做事是开发身体智能使身体和脑袋互动的过程，如果有心，你会发现生活中的点点滴滴都是在训练感觉统合。6岁之前欠孩子的，到了孩子60岁后都要还他。所以，适当放手吧，请把属于孩子自我成长的机会还给孩子。在没有我们过多的干涉、保护、溺爱、包办下，事实上孩子们会比我们想象中的优秀很多，从小就放手让孩子自己去探索，去实践，去锻炼，他们才会有实实在在的感觉经验储存在神经细胞中，当遇到危险或挫折时才有丰富的经验比对，才会有生存的本领和抗风险的能力。那么究竟怎样才能锻炼孩子的做事能力呢？

1. 学会偷懒

父母要和孩子商量，制定家规，明确分工与职责，确定哪些事情是需要孩子自己完成的，哪些是需要帮助并引导孩子完成的，哪些是需要家长亲力亲为的。

针对孩子自己可以完成的，父母一定要坚持原则和底线，不越界，不包办，放手让孩子自己去完成，针对孩子完成的情况父母要给予指导和评价；针对需要父母帮助的事情，父母可以采取"跳一跳，够得到"的教育方式，给孩子提供有限的帮助，让孩子发挥自己的聪明才智去解决问题；针对需要父母亲力亲为的事情，父母也要鼓励孩子多看、多听、多做、多思考，锻炼孩子做事情的能力。

2.坚持原则

在训练孩子做事上，父母一定要统一教育观念，不能因为爷爷奶奶的骄纵，而让孩子在包办的方式下失去动手实践的能力。父母在教育孩子的战线上处于夹层"三明治"的位置，但要坚持住底线，还要顾及老人的面子，其中的沟通艺术是需要好好研究的。

原则一：口径统一，绝不拆台。心平气和召开家庭会议，制定"君子协议"。老人和父母决不允许在背后包办孩子的一切，有分歧可以明确提出来，协商解决，但不能以爱孩子的名义去包办孩子所有的事情，这是育儿的底线，也是做人的底线。

原则二：爸爸在家庭教育中要发挥教育堡垒作用。遇到分歧，爸爸必须站出来，挡在中间，就事论事，做公正裁判，调解妈妈在教育孩子方面和老人的分歧，真正地达到教育孩子的最优化，不要两边讨好，和稀泥，要真正从根本上解决家庭成员教育孩子观念不一致的问题。

二、不断示弱

前段时间看过一篇关于家庭教育的文章《妈妈越能干，孩子越软弱》，内容值得我们深思：现在的孩子都生活在爷爷奶奶和爸爸妈妈的包办之下，失去了基本的生活技能，有些家长会用"干大事不拘小节"来自我安慰，觉得孩子以后不需要做这些事情。但是我想说的是，孩子从小没有基本的生活自理能力，又怎能成为一个负责任、自律的人呢？因此，我认为想要培养优秀、强大的孩子，父母一定要学会示弱，留一部分功课给孩子施展。我们甚至可以推一把孩子，让他往前走；也可以主动往后退，让他站在前面。母爱本来就是柔软的，母亲学会向孩子示弱，孩子将会变得更强大！

父母学会示弱，首先，培养孩子的价值感和责任感。尤其是对于男孩的教育，母亲要把男孩当成家里的男人，懂得适当地依靠男孩，口头上要时常挂着"儿子，过来帮妈妈"等请求帮忙的话。追求价值感，是男人与生俱来的天性，做得越多，被需要得越多，其价值感就越强，就越有担当，男孩子的责任和抱负就越强。其次，正向强化孩子的行为习惯。当孩子表现好的时候，父母一定要给予孩子更多的、更具体的赞美，这种肯定和欣赏，会成为孩子更加积极参加活动的动力，这也是我们常说的"心理赋能"。最后，让孩子体验到做事后果，学会正确取舍和选择。孩子做事时，父母不要为他扫清一切障碍，放手让他体验不妥的行为带来的后果和损失，他才能懂得取舍，学会选择。

父母学会示弱，就要在孩子做事和激励孩子上下功夫。父母示弱有三个恰当时机：在需要力气时，妈妈要示弱。当需要拧瓶盖、拿快递时，妈妈完全可以让孩子帮忙，让他觉得自己很有力量，增加自信；在需要选择时，妈妈要示弱，多给孩子制造要他做决定的机会，如穿什么衣服、放学去哪儿玩。小事会做主，大事才敢担当。在需要勇气时，妈妈要示弱；在运动、尝试新鲜事物时，妈妈可以先认怂，这样会激发孩子的保护欲，孩子会鼓足勇气示范给妈妈看。那么到底如何示弱呢？

1. 在琐事上无能

比如，让孩子帮忙倒垃圾、晒衣服、倒水喝等。这是在锻炼孩子独立生活的能力！

交流场景一：（错误示范：自己把衣服收好，别总指望妈妈。）

妈妈有好多衣服要收拾，忙不过来了，你愿意当妈妈的小助手吗？（示弱求助）

小助手今天做得比妈妈还好！（肯定表扬）

交流场景二：（错误示范：把那个橘子皮丢进垃圾箱。）

地上有一块橘子皮，有没有小宝贝会帮妈妈丢进垃圾桶呢？（示弱

161

求助）

你可真是个爱整洁的孩子！（肯定表扬）

交流场景三：（错误示范：这里人这么多，你别乱跑啊！）

这里人好多啊，妈妈害怕走丢了，你能站到我身边吗？（示弱求助）

谢谢你在身边保护我，我不怕啦。（肯定表扬）

2.在孩子能力范围内无能

父母根据孩子不同年龄段能承受的事情去偷懒。七八岁的孩子可以帮妈妈洗菜，收拾屋子；九岁左右的孩子就可以学会用电饭锅煮饭了。

交流场景一：（错误示范：自己把袜子洗干净。）

这双小袜子快把妈妈臭晕了，你能把它洗香香解救我吗？（示弱求助）

不臭了，香香的，你比妈妈洗得还干净呢！（肯定表扬）

交流场景二：（错误示范：妈妈今天很累，能让我安静一会儿吗？）

妈妈今天很累，你可以来抱抱妈妈给我充充电吗？（示弱求助）

谢谢你给妈妈充电，再休息15分钟妈妈就能满血复活，你可以先自己玩一下吗？（肯定表扬）

三、及时激励

美国著名的心理学家马斯洛的需求层次理论将需求层次由较低到较高分为生理需求、安全需求、归属与爱的需求、尊重需求和自我实现需求。利用成就感，使孩子产生渴望成功的动机，激励孩子不怕困难，不断地给孩子试错的机会。因此，在孩子做事这件事上，家长一定要注意以下几点：①让孩子尝试错误；②允许孩子犯小错误；③别常用激将法；④别拿孩子与别人比较，还在意输赢，这样容易使孩子自暴自弃，失去信心；⑤学习抓得过紧，孩子很容易逃避。

孩子在顺利完成课业或生活中的各项任务后，自然会对自己产生信心，即使日后遇到困难，也会独立去面对困境，解决问题。在孩子取得一定成功时，我们一定要及时地给予鼓励和肯定，强化孩子正确的行为习惯，从而使孩子获得较强的自我效能感。

1. 乒乓球式鼓励

现在的很多孩子都非常有礼貌，经常对家人表示感谢，特别是幼儿园的小孩子，如果我们收到了他们的感谢，及时正向反馈，就可以激励他们做得更好。

交流场景：

（孩子美美地品尝晚餐）

谢谢妈妈。（孩子开心地说）

妈妈要谢谢你才对呢！就是因为看到你每次吃得都很香，妈妈才会做饭越来越好吃啊！

这么一来一回，父母和孩子感觉都很好。如果经常这样来来回回地鼓励，家里的氛围怎么能不好呢？

2. 旁敲侧击式鼓励

旁敲侧击式鼓励就是你想夸孩子，但不直接夸，而是向爸爸夸孩子最近学习各方面取得很大进步，有意无意地让孩子听到，这比当面夸孩子的效果更好；还可以跟家里其他人说，孩子最近哪里做得好了，有进步了，更用心了，等等，让孩子感觉父母在关注他，对他的学习和行为习惯非常重视。

3. 一箭双雕式鼓励

有一种夸，既夸了孩子，又夸了父母自己。

交流场景：

（孩子这次期中测试考得不错）

你很有智慧呢，妈妈小学的时候都没有你考得这么好。你看我把你教育得多好啊，我太羡慕你了，有我这样的好妈妈。（既夸了孩子，也夸了自己）

我也很羡慕你呢，有我这样冰雪聪明的女儿！（孩子也学会了自我欣赏）

这样的对话，会让父母和孩子的关系越来越好！

4. 虚心求教式鼓励

当孩子在某个方面做得好时，你可以虚心地向孩子请教。孩子们很愿意讲述自己的得意之处，你的请教就给了孩子这样的机会，也让孩子感觉被"看到"、被重视，无形中就提升了他的自我价值感。

交流场景：

（孩子自从上了小学，每天自己坚持6：30起床，从来没有迟到过。）

宝贝，爸爸起床总是很难，你是怎么做到每天都能那么早起床的呢？（崇拜，激动地望着他）

爸爸也要像你一样早睡早起，做个自律的人。（肯定的眼神）

教育孩子是一门学问，学会用孩子更是一门艺术，我们要舍得用孩子，更要搭建平台，为孩子创造展示、表现的机会，这样孩子的各方面能力才能得到显著提升。孩子的成长需要家长的引导，更需要家长适当地放手，家长要让孩子在实践中锻炼自我、收获成长。我们要时刻牢记：舍得用孩子，孩子才能成大器！

如何有效开展亲子阅读

随着社会的进步，家庭教育在现代社会中变得越来越重要，受到了人们越来越多的关注。家庭教育是孩子成长过程中十分关键的一环，通过亲子阅读，可以培育他们合理的人生观，增加他们的自信，并且有助于促进家庭之间的和谐关系。因此，如何有效地开展亲子阅读已经成为当今家庭教育的一个重要课题。

亲子阅读是指一种家庭教育形式，以父母与孩子一起阅读书籍、杂志、报纸等文字资料为主，通过互动的方式，培养孩子的语言能力和阅读兴趣。在亲子阅读过程中，父母不仅仅是与孩子一起阅读，而且要在阅读过程中建立良好的沟通桥梁，激发孩子的想象力、思维能力和创造力，让孩子在愉快的气氛中充分地享受阅读的乐趣。亲子阅读是一种全面、系统、有趣的教育方式，不仅可以提高孩子的阅读能力，还能帮助孩子建立正确的价值观和人生观。

亲子阅读能够促进孩子阅读兴趣和阅读能力的提高，增进家庭成员之间的亲情。家庭中有效地开展亲子阅读，有助于孩子的健康成长和发展。亲子阅读是一种有用的方式，能够激起孩子对读书的浓厚兴趣，并帮助他们更好地享受读书的乐趣。父母可以通过亲子阅读帮助孩子更好地理解世界，拓展他们的认识面，激发他们的创造力和想象力，提升他们的思维能力，促进他们的身心健康发展。亲子阅读作为家庭教育的一个重要组成部分，备受重视。然而，在亲子阅读的实践中，很多家长并不知道如何科学有效地进行亲子阅读。因此，本文旨在探讨亲子阅读方法，为家长提供实用性建议，提高家庭教育的质量和水平。

一、亲子阅读方法的分类与特点

1. 朗读法

朗读是指家长以正确的语调、节奏和语速，通过朗读书本中的文字，向孩子传递语言、情感和思想。相较于其他亲子阅读方法，朗读法是最常见且易于实施的一种方法。朗读不仅能够提高孩子的阅读兴趣和阅读能力，还能够增强孩子的语感和语言表达能力。

朗读的方法一般可以简单分为两类：单向式朗读和双向式朗读。在单向式朗读中，家长可以选择优美的韵文或者有趣的故事进行朗读，重点在于提高孩子对文本的理解和感受，鼓励孩子欣赏语言之美。而在双向式朗读中，家长可以通过提问、让孩子回答问题或者与孩子进行讨论，帮助孩子理解文本中的内容和思想，培养孩子的思维能力和表达能力。

从另一方面来说，朗读法也常常分为分析性朗读和表演性朗读。在分析性朗读中，家长可以带领孩子了解文本的结构和语言规律，帮助孩子把握文本的重难点，提高孩子的阅读理解能力。而在表演性朗读中，家长可以为孩子塑造各种形象的角色，通过表演的方式激发孩子对故事情节的兴趣和好奇心，并培养孩子的想象力和创造力。

总之，朗读法是一种非常实用的亲子阅读方法。在朗读过程中，家长不仅可以让孩子感受到语言的魅力，还可以促进孩子的学习和成长。无论是在单向式或双向式的朗读中，还是在分析性或表演性的朗读中，家长都可以选取适合自己和孩子的朗读方式，从而使亲子阅读变得更加有趣和精彩。

2. 对话式阅读法

对话式阅读法是指在亲子阅读中，父母和孩子之间进行双向对话，通过交流和互动来提高孩子的阅读兴趣和阅读能力。这种阅读法不同于传统的单向朗读，而是注重孩子和父母之间的交流和互动，实现亲子之间的情感沟通和知识交流。

在对话式阅读中，首先，父母要根据孩子的年龄和兴趣选择适合孩子阅读的书籍；其次，父母需要与孩子进行交流，鼓励他们表达自己的想法和感受。家长可以发问，让孩子发表自己的看法，引导孩子思考并表达自己的观点，这样可以激起孩子的思考和阅读的兴趣。

此外，在对话式阅读中，父母需要注意细节，如快速读完书籍，不要将细节告诉孩子，这样会降低孩子对阅读的兴趣和信心。另外，父母还可以向孩子提供阅读经验和知识，如介绍作者、书名、背景或主题等，这样可以扩大孩子的知识面并增强他们的阅读能力。

总之，对话式阅读法是亲子阅读中的一种有效方式，既能增加孩子的阅读兴趣，又能够提高孩子的阅读能力。在对话式阅读中，家长需要与孩子互动交流、注重细节、提供阅读经验等，这样可以使孩子爱上阅读，喜欢读书，从而提高孩子的阅读水平。

3. 互动式阅读法

在亲子阅读中，互动式阅读法是一种非常有趣且具有互动性的阅读方式。该方法以孩子为主导，建立了一个完美的互动平台，促进了亲子间的沟通交流。这种方法的主要特点是，在阅读过程中，孩子占据主要地位，家长应该参与进来，一起交流，互相询问，分享看法。

互动式阅读包括多种具体的阅读方法。例如，在阅读时，家长可以问一些问题，适时地停下来让孩子回答，这样可以刺激孩子思考，提高孩子的阅读兴趣和热情；也可以让孩子给故事中的人物画一些画，或者让孩子自己根据故事内容创作一些小故事或者剧本，这样不仅可以提高孩子的创造性思维，而且可以提高孩子的表达能力。

此外，互动式阅读法还包括让孩子跟家长一起模仿故事中的人物，或者一起表演故事中的情节和桥段，这样不仅可以增加乐趣，而且可以帮助孩子理解故事内容，加深对书本的记忆。最重要的是，家长应该及时地给予孩子鼓励和肯定，帮助孩子树立自信心，让孩子更加积极主动地参与到阅读活动中来。

总之，互动式阅读法非常适合亲子阅读，不仅能够帮助孩子提高阅读能力，还能够增进亲子之间的感情，让亲子间的关系更加紧密。

二、亲子阅读方法的实施策略

（一）建立良好的家庭阅读氛围

家庭阅读氛围的建立是有效开展亲子阅读的重要前提。家庭阅读氛围的建立不仅要求家长增强家庭阅读的意识，还要求家长要积极参与到家庭阅读中来。

1. 选择适合孩子的书籍

家长应该选择适合孩子的书籍，这些书籍需要符合孩子的年龄、兴趣和性格。家长可以从孩子的爱好出发，引导他们选择喜欢的书籍，并且鼓励他们进行探究、思考和创造性的阅读，帮助孩子培养深度阅读的能力和兴趣。

2. 建立舒适的阅读环境

家长应该建立一个安静、舒适、温馨的阅读环境，如在家中设置一个读书角。在读书角里，可以放置一张舒适的椅子、一盏柔和的灯和一些孩子喜欢的书籍。家长可以和孩子一起在读书角里共享阅读的乐趣，并且可以通过互动游戏、提问等方式，让孩子对阅读更加感兴趣。

3. 倡导家庭成员一起阅读

阅读不仅仅是孩子的事情，家长也应该倡导家庭成员一起阅读，这样有助于孩子形成阅读习惯。在此过程中，家长也应该向孩子传递出正确阅读的态度和方法。

4. 举办有趣的亲子阅读活动

为了有效地开展亲子阅读，家长可以积极开展有趣的亲子阅读活动。首先，家长可以根据孩子的年龄和兴趣，选择不同的阅读材料。例如，家长可以根据孩子的年龄，选择合适的绘本、故事书、童话故事等；根据孩子的兴趣，选择科普类、历史类、诗词类等阅读材料。其次，家长可以在阅读过程中，让孩子通过其他方式参与其中，增强孩子的阅读兴趣。例如，家长可以让孩子参与阅读的表演，让孩子担任主角，朗读文章；可以让孩子参与到阅读游戏中，让孩子猜测文章内容，猜测文章中的人物或事件；还可以让孩子参与评论文章，对文章进行分析和评价。最后，家长要积极开展亲子阅读活动。例如，家长可以积极倾听孩子的观点，尊重孩子的想法，让孩子感受到家庭的温暖；可以与孩子一起制订阅读计划，让孩子感受成就感；还可以与孩子一起对文章进行总结，让孩子感受到自己的学习成果。通过这些有趣的亲子阅读活动，家长可以有效地提高孩子的阅读兴趣和阅读能力。

（二）转变父母角色

在亲子阅读中，父母的角色不再是简单地给予孩子外在的阅读指导，而是需要转变为孩子的阅读伙伴和共同体验者。这种转变能够从三个方面来实现。

首先，父母应该更多地分享自己的阅读体验，与孩子一起分享自己的阅读心得，探讨不同的阅读主题，共同感受阅读的乐趣。这样，孩子就可以看到父母真实的阅读态度和行为，并从中获得积极的阅读体验，从而更容易对阅读产生兴趣和热爱上阅读。

其次，父母需要更多地关注孩子的情感需求，在阅读中与孩子共情，理解孩子的视角和感受。这样可以更好地促进孩子的情感发展，加深孩子与父母之间的情感联结。

最后，父母需要给予孩子更多的阅读选择权，鼓励孩子自主选择阅读内容和形式。这样可以让孩子在阅读过程中更好地发挥自己的天赋和兴趣，从而得到更加有效的阅读收益。

综上所述，父母在亲子阅读中的角色转变涉及多个方面，需要以实践和经验不断探索和总结，才能够有效地提高孩子的阅读素养和阅读兴趣。

（三）把握亲子阅读的时间与频率

亲子阅读的时间和频率是决定其效果的重要因素之一。那么，如何合理分配阅读时间以及如何选择阅读频率呢？

首先，关于时间的分配，我们建议家长每天抽出专门的时间来与孩子阅读。这个时间段不需要太长，但一定要有规律，不能让孩子感觉是在赶时间。比如，晚饭后每天读半个小时，或者周末中午抽出一到两个小时进行阅读，都是不错的选择。另外，家长还可以根据孩子的日程来安排阅读时间，如在接孩子放学的路上一起阅读。

其次，阅读频率非常重要。建议家长每周至少安排两到三次阅读时间，这样可以让孩子形成阅读习惯，并且增进家长和孩子之间的互动。

当然，如果家长的工作繁忙，一周安排一次专门的阅读时间也是可以的，但是尽量保持每周固定的时间，让孩子形成习惯。

除了以上建议外，我们还需要注意的是，阅读时间和频率一定要根据孩子的年龄和阅读能力来安排。比如，幼儿时期每天可以安排一到两个小故事的阅读，而到了小学阶段，每天阅读半小时以上才能达到良好的效果。此外，家长还可以适时地调整阅读内容，让孩子逐渐适应更长、更难的阅读材料。

总之，家长需要认识到亲子阅读时间和频率对于阅读效果的影响，有规律、科学地安排阅读是必不可少的。合理地分配阅读时间和频率不仅可以提高孩子的阅读水平，也可以增进家庭成员之间的互动。

（四）家庭中亲子阅读的有效开展案例分析

在家庭中有效开展亲子阅读，有很多案例可以参考。比如，一位叫阿尔玛的母亲有两个孩子，一个7岁，另一个4岁。阿尔玛每天下午回到家里就会给孩子们准备一个非常有趣的阅读活动。首先，她会给孩子们每人一本书，然后鼓励他们阅读。当孩子们读完书后，阿尔玛会问他们一些问题，以检查他们是否真正理解书中的内容。孩子们还可以回答一些有趣的问题，以表达他们对书中内容的看法。最后，阿尔玛还会给孩子们一些小礼物，以奖励他们完成阅读任务。

另一个例子是一位叫玛丽的母亲，她每天晚上会和孩子一起读书。玛丽每晚会给孩子们准备一本书，然后鼓励孩子们阅读。玛丽还会让孩子们把书中重要的部分摘录下来，并思考书中的启示。在阅读的过程中，玛丽还会和孩子们一起讨论书中的内容，以加深他们对书中内容的理解。

以上就是家庭中亲子阅读的有效开展案例介绍。可以看出，母亲们在家庭中开展亲子阅读，除了提供书籍，还要提供一定的指导和鼓励，让孩子们更有动力、更有兴趣地阅读，从而获得更多的知识。

有效的亲子阅读可以增进家庭成员间的感情，提高家庭成员的文化素养，促进家庭成员之间的沟通，培养孩子的自信心、自控力和独立思考的能力，等等。家长可以通过定期安排阅读活动、创设良好的阅读氛围、与孩子共同参与阅读活动、让孩子自由发挥等方式有效地开展亲子阅读。家长还可以采取一些技巧，如注重礼仪教育、提供合适的阅读材料、让孩子独立阅读、鼓励孩子多参与讨论、培养孩子的阅读兴趣等，帮助孩子更好地参与到亲子阅读活动中。总之，家长应该采取灵活有效的措施，以更好地开展家庭亲子阅读活动。

第五章

成长教育

孩子与同伴发生冲突，怎么办

情景一：（上班时间）

"壮壮妈妈，你现在赶紧来一趟学校吧，孩子今天在课间玩耍的时候和同伴发生冲突，把然然的头打伤了。""老师，严重吗？我马上来，唉，不知道在家里提醒了多少遍，这孩子怎么就是不听呢！""这次孩子出手挺重的，我也把然然妈妈一起喊来了。"电话那头老师着急地说。壮壮妈妈赶紧放下手头的工作，忐忑不安地奔向学校，心里更是五味杂陈。

情景二：（放学后）

"俊俊妈妈，正好你来接孩子了，今天因为课间玩游戏的事情，天天和浩浩发生了冲突，结果俊俊看到冲上去帮了倒忙，最后三个人打起来了，我和他沟通了一下，他已经意识

到错误了，你在家里还是要多沟通，不能一周几次这样捣乱。""实在不好意思，老师，给您添麻烦了，我回家教育他。"俊俊妈妈一边回答一边无奈地对着孩子摇了摇头。

亲爱的家长朋友，你们有没有像壮壮妈妈这样为孩子经常与同伴发生冲突而烦恼，像俊俊妈妈这样有一种无助的感觉？为什么孩子屡教不改？为什么孩子总是控制不住自己呢？相信在小学阶段，很多父母被这个问题所困惑，不知从何时起，自己的孩子变成了班级"小能人"。其实，孩子与同伴发生冲突，只是一种表象，表象背后有更深层的原因值得家长去探究。只有找到孩子发生冲突的原因，我们才能采取有针对性的方法，以达到更好的效果。

今天我们就来一起聊聊如何解决孩子与同伴发生冲突的问题。我们需要了解孩子发生冲突的原因，才能解决孩子与同伴的相处方式的问题。

一、能动"手"就不动口

壮壮人高马大，身强力壮，学习散漫，课上喜欢插话，经常打断同学的发言，课下与同学交往过于强势，经常与同学产生冲突，屡次在和同学发生矛盾后直接动手。

从其爸爸口中得知，壮壮妈妈在怀他的时候情绪不够稳定，家里"世界大战"频发，因为是独生女，夫妻相处中妈妈一直比较强势。壮壮出生后，孩子的教育基本妈妈说了算，壮壮从小和小伙伴玩的时间较少，更多的是和妈妈一起参与朋友聚会。爸爸平时工作比较忙，和孩子沟通交流少，为此夫妻经常争吵。每当遇到教育矛盾点时，孩子经常说爸爸说了不算，必须问妈妈这样的话语。再加上外婆一直无比溺爱，孩子小的时候与同学相处冲突较少，但随着年龄的增长，矛盾慢慢出现了，一家人不知道为此赔礼道歉过多少次，依然焦头烂额。

（一）动手背后的原因

妈妈对壮壮要求刻板，而壮壮由于天性活泼好动，常被批评，时间一长，就渐渐变得敌视别人，不懂得与人交往，而逐渐迷恋网络游戏，同时长期处于被同龄人排斥的状态。这种状态造成壮壮心理失衡，他渴求被人关注，所以在同学不能满足他的要求的情况下就通过拳脚来解决。

像壮壮这样喜欢动手的孩子，多半是因为"肌肤饥渴"，家长要用爱和包容来融化他心里的坚冰，消除他的不良情绪。要解决早期教育不当、缺少关爱等因素造成的问题，就要为壮壮这样的孩子创造平等的学习、生活和人际交往的环境。孩子在爱与友善的环境中更容易纠正错误，正视自己，以积极的行为超越过去，向好的方面发展。

（二）如何积极来引导

1. 男孩女孩大不同

心理学家研究发现，儿童在2岁末便开始出现最早的攻击行为，在3～6岁时出现第一个高峰，10～11岁时出现第二个高峰，一般男孩强于女孩。儿童攻击行为如果延续至青年和成年，则会出现人际关系紧张、社交困难，直至发展成犯罪。造成这一情形的因素有遗传因素、家庭因素、环境因素等，其中以家庭因素和环境因素的影响作用最大。

2. 家庭的本质是爱

家是孩子生命的摇篮，家长不能把家庭变成吵闹的场所。父母之间如果很少表达情感，动不动就争吵不休，甚至把孩子当作"出气筒"，久而久之，孩子学会了把惩罚别人当作自己的"出气筒"。家长更不能对孩子百依百顺，以至于日后孩子稍有不满便大发雷霆，以攻击手段达到目的。

动不动就喜欢攻击他人的孩子，主要原因是他们的情绪不够稳定，缺乏解决冲突和进行沟通的方法。所以作为家长，尤其是情绪更为稳定的父亲，要教给他们怎样解决纠纷，怎样宣泄感情，怎样通过适当渠道发泄愤怒、排泄烦恼，从而尽可能将攻击行为降到最低限度。

美国脑神经科学家约翰·梅迪纳认为，孩子要建立与父母良好的依附关系，需要父母与孩子之间进行专注且耐心的互动，这不仅能够促进孩子的大脑健康发育，而且能让孩子的情绪变得稳定。"母爱似水，父爱如山"，孩子的成长，父爱、母爱都不可或缺。

3. 没有网络的快乐

在壮壮的游戏世界里，所有问题都可以用武力解决。这样的游戏玩多了，必然会模糊是非好坏的价值判断，形成一种麻木的生命观。在现实生活中遇到矛盾冲突，他最善于用这种最熟悉的方式进行解决，这使得他的某些日常行为带有攻击色彩，从而形成一种错觉，以为在现实社会中，谁的拳头硬，谁就更厉害，把武力方式看作处理问题的唯一手段。

孩子需要一片蓝天，需要没有网络的快乐。如果缺少了亲近大自然的体验，没有在大自然中快乐的探索，就缺少了对生命的体验。凡是热爱大自然的人都不会学坏，这是一种情感的熏陶，一种心理的健康，一生幸福的基础。

4. 引入第三种力量

第三种力量是中西合璧亲子教育专家黄静洁老师在多年育儿过程中用点滴感悟和实操经验凝练而来的，是能把亲情和知识有效转化成孩子内动力的一种推动力量。壮壮一家可以给孩子找一个亲密家庭，可以是父母信任的朋友或同学的家庭。

周末，可以让两家的孩子互相串门，轮流由一方家长带教双方的孩子半天或几小时，让孩子学会观察别的孩子的行为举止，好的方面，他可能会模仿或学习；欠缺的方面，他可能会意识到原来那是错误的，以后自己需要避免。在亲密家庭交流中更容易建立起孩子的自律心和自控力，孩子总是自尊自爱的，在别人家会比在自己家更多地关注自己的行为举止，长此以往，孩子必然会能动口就不动手。

二、朋友有"难"我来帮

俊俊个性活泼好动，思维活跃，反应敏捷，对待各科老师都彬彬有礼，但是自控能力较弱，尤其在与同学相处中好打抱不平，好帮倒忙。课间，班级只要有发生争执的地方总会出现他的身影。这不，课间休息时，俊俊看到同学皓天和竣一相互纠缠在了一起，一个箭步从班级第四组直接奔向第一组，不分青红皂白地挥起拳头加入队伍帮忙开战。事情发生后，班主任老师第一时间和孩子沟通解决，俊俊妈妈更是又气又急，这都是这个月发生的第三次了，每次回家都是好说歹说，怎么俊俊就毫无长进呢？

从俊俊妈妈口中得知，孩子从小属于高度过敏体质，吃菌菇类会出现严重的反应。俊俊父母都拥有高学历，孩子从小是在民主自由的环境中长大，在养育过程中妈妈在学习方面以实操教育为主，在情感体验方面以说教为主，虽然也一直在学习，可是教育效果却不显著。

（一）帮忙背后的原因

体质过敏对家长来说是一个很敏感的词。美国佐治亚大学研究发现，过敏会对青少年的心理素质产生深远的影响。比如，因免疫系统功能下降造成的情绪问题等。这种体质的孩子往往有话多、急躁、精力旺盛等性格特点。

俊俊好动贪玩，相比语言运用和沟通能力，他的思维活跃，逻辑思维和动手能力更强。俊俊妈妈是典型的理科生，在孩子的教育上一直采取教科书级别的工具化教育方式，孩子从小阅读的书籍更偏向于生物、计算机等科普类，俊俊妈妈在孩子人际交往能力培养上有所忽视。

男孩不像女孩有那么多通向大脑知觉、记忆或感觉的神经通路。为了充分培养共情能力，男孩时常需要借助文化、社会环境和严格的规范，在知觉、记忆与感觉之间建立联系。换言之，父母需要引导他们接触特定的计划、目标，让他们感觉到自己的情感是有用的、有目标的、有意义的。

（二）如何积极引导

1. 理解朋友的含义

高山流水觅知音，从古至今关于朋友的话题不绝于耳，如何让孩子理解朋友的含义呢？这需要家长细心引导。朋友是相互欣赏、相互鼓励和相互温暖的人，好朋友遇到困难我们鼎力相助，但绝对不是武力帮助，否则只会给好朋友添乱，帮倒忙，遇到事情应该理性分析、冷静思考，找到最佳途径来解决当下的难题。

2. 提高共情能力

在孩子所有潜在技能中，与人相处的能力与他日后能否取得事业的成功、生活幸福程度关系最为密切。俊俊妈妈千方百计地培养孩子学习、生活等多方面的能力，而忽视了对孩子人际交往能力的培养。家长应当从小教育孩子怎样与人相处，如何换位思考，这是他们走向社会后所要直面的最重要的问题。为此，家长有必要让孩子懂得如何把自己的期望与需要，同别人的期望与需要相协调。

3. 让孩子被看见

关系就是一切，一切都是为了关系。回应，让关系变得柔和并融洽。俊俊妈妈因工作原因经常需要回家对着电脑加班，面对俊俊十万个为什么，更多的解答方式是抛给孩子相关书籍，言语的沟通少之又少。孩子更多时候是在自己的世界里想象思考，慢慢地，孩子的脑部思考比语言组织快得多，经常在与同学交往中，表达速度跟不上思考速度，只能通过肢体动作表达，这不可避免地给同伴们带来误会，也给孩子带来困扰，给家长带来焦虑。我们不妨给孩子一个被看见的环境，在家里多给他表达的机会，针对孩子感兴趣的话题进行一对一的谈话，吃饭时、上学前、放学后、睡觉前都是很好的交流机会，及时回应，理解他内心的感受。

4. 和老师多交流

孩子的成长主要受到家庭和学校的影响，也就是家长和老师的影响，俊俊妈妈可以多和老师主动交流孩子在校情况，提前向老师反馈孩子在体质、性格方面的一些特性，让老师更好地理解孩子行为表现背后的原因，这样也更有利于孩子学习成长。同时，我在这里介绍几点小妙招：

第一，在和老师沟通前，要先审视孩子自身问题，从而和老师一起纠正孩子。

第二，认同老师的教育方式，要和老师站在一条战线上教育孩子。

第三，和老师沟通要保持良好的情绪，这样才会有效沟通。

三、培育心语

埃里克森的社会心理发展理论告诉我们，孩子从出生到18岁，每3~6年就是一个性格成长的飞跃，到了18岁，孩子的思维方式和行为一旦形成，将会成为一种习惯，进而影响他看待世界的视角以及同世界打交道的方式。如果他在童年时期形成的错误看法没有得到纠正，那么他长大后的行为模式将很难改变。

我们在教育孩子时，应谨慎小心、深思熟虑和理性判断，以冷静的头脑分析可能产生的后果，才能更有把握地取得预期的效果。

最后应该遵循一个原则，即教育宜早不宜晚。

自信的孩子会发光

我常听到家长朋友抱怨：我家的孩子不自信，做人唯唯诺诺，生活中畏首畏尾，学习瞻前顾后，徘徊不前。为了孩子的快乐成长，是时候改变已有的现状了。如何改变这种现状呢？真叫人头疼。

著名的现实主义戏剧作家萧伯纳曾这样说过，有信心的人可以化渺小为伟大，化平庸为神奇。可见，拥有自信，对于一个人的成长多么重要，更何况对于我们处于小学阶段的孩子呢？

现今，孩子教育，牵涉到家庭、学校和社会三方。学校是孩子教育的主阵地，当然，家庭教育也是教育孩子的一条重要路径。优化家长的家庭教育方法，培养孩子的自信心应是当务之急。那么，家长朋友应如何培养孩子的自信心呢？

一、营造安静舒适的环境

教育孩子时，家长第一要务就是要为孩子安排一个安静舒适的生活、学习环境。环境的好坏，是影响孩子健康成长的重要因素。安静、舒适、温馨的环境，能让孩子身心愉悦，活力四射；反之，则让孩子易烦易躁，身心俱疲，无所适从。我们设想一下，一个乱哄哄的环境，连基本的心神都安定不下来，何谈安心学习，自信生活呢？我们的孩子在家里学习时，客厅里吵吵闹闹，不断地传来阵阵嘈杂声或者父母此起彼伏的争吵声，孩子怎能聚神深思？面对这样的环境，孩子们不敢怒，不敢言，焦虑不安，委屈郁积于心，哪有心思做别的事情呢？即使做起事来，也会畏首畏尾，思前想后，学习毫无进展可言，自信心自然被完全抑制了。相反，环境静了，心情舒坦了，孩子的自信心自然而然就在潜移默化中暗自生长了。

拥有了一个安静的学习环境，孩子可以在这个独立的空间，自由伸展，放松心情，休息、学习，倾听心声。在这个属于自己的小天地中，他们不受束缚，没有羁绊，自己的领地自己做主。这些孩子心中一定会充满一种自豪感、骄傲感，做起任何事情来，自然而然会增添一分自信，多一分成功的可能。

二、满足孩子被需要的心理需求

心理学中对"需要"是这样解释的，需要是有机体生存和发展的重要条件，反映了有机体对内部环境或外部生活条件的稳定要求。满足了这些需求，有机体才可能得以健康成长。一个人生活在社会上，会有诸多的心理需求，如果得到适当的满足，就能促进这个人的正常成长。孩子也不例外。遇到问题时，家长和孩子一起面对，共同商讨，共同分享彼此的想法，让孩子明白：自己不是旁观者，而是当局者，是整个事件的主角，有一种被需要的存在。

当一个问题暂时无法解决时，我们父母如果一股脑儿地把自己的答案模板告知孩子，就会忽视孩子解决问题过程中的被需要心理。这样的家庭教育会让孩子产生衣来伸手、饭来张口的被动惰性。如果家长在教育引导孩子时，让孩子多多发表解决这些问题的见解和建议，让孩子产生一种被需要的感觉，那么，我们的孩子又会收获怎样的成长呢？

我们家长可以这样试探孩子：对于这件事，我们这样想行不行？如果再深入地思考会出现什么问题？如果按这样的思路进行思考，会得到什么样的结果？你面对这个问题时，是怎么思考的，接下来又该如何解决呢？……孩子就会在家长的循循善诱的点拨式引领下，努力地思索，深入地思考。孩子时不时地迸发灵光，给出建设性的建议，其间，孩子们会频频出错，此时的家长就要不断地鼓励，扬长避短，拨乱纠正，助力前行。我坚信，孩子的自信心一定会一点一点地建立起来。

生活中，我们也要让孩子感受到自己被需要，在培养他们自信心方面做出多种尝试。我们可以用商量的语气让孩子做一些力所能及的事情，让孩子时刻铭记，自己是被需要的，不是多余的人。

夜幕降临，一家人吃完饭，该洗碗了，你可以对孩子说："孩子，你把一家人的碗，替爸爸放到厨房的水池里，好吗？""孩子，能不能把桌子收拾一下呀？""孩子，你做得真棒，考虑得太周到了，不光收拾好桌子，还拖了地！"……家长通过洗碗、打扫卫生这样的小事，让孩子意识到自己被人需要，让孩子知道自己是重要的人，他们做起事情来，自然信心满满。

三、尊重孩子的选择

"今天上学了，我们穿什么衣服？是校服呢，还是平时穿的扣子装呢？"家长要时时问问孩子，重视他的选择。和孩子一起外出买东西时，让他挑选自己喜欢的一切：喜欢的种类，喜欢的样式，甚至是喜欢的颜色。当孩子选择了自己喜欢的颜色时，我们即便不太喜欢，也不能否定他的眼光，更不能指责他，抑或是训斥他："你是什么眼光啊？这么难看的颜色你也会选？"你善意地迎合孩子的选择，他们就会在心里觉得自己得到了家人认可，信心爆棚，心态也会随之积极乐观起来。得到了家人的尊重，孩子也就开启了他自信的旅程。

在生活中会遇到许多需要选择的事情，我们不要轻易替孩子做出判断，要让他们偶尔地体验那种选择的过程，用实际行动助燃他们内在的自信。平日，我们和孩子一起去超市购物的时候，让他们自己去收银台把钱交给收银员，取回购买物品，完成一次购物过程，体验付款的过程，体会处理剩下零钱的愉悦，体会自主抉择的快乐，让他们自己当一回家，做一回主。慢慢地，他们在生活中就会提升自主处理事情的自信。

说到选择，我们都无法断定每次选择都是正确的。好在，我们经验稍稍丰富些，能轻松应对简单的选择。更多的时候，我们会遇到的是多个选项，很难一眼就能看出哪一个是正确的，哪一个是错误的。选项中，既有利，也有弊，好坏掺杂，实在两难。孩子在学习或生活中也会遇到近乎两难的选择，那么我们家长能做的就是让他们自己做出选择，承担相应的后果。我们最多能做的就是给出一些自己的建议，告诉孩子选第一项或者选第二项可能会出现的结果，让孩子自己经过思考，做出判断，即使他们选择的结果有诸多缺憾。他们在面对自己选择的结果时，会有足够的勇气去面对，会有信心地去处理这个问题。坦然应对，有底气，有担当，不推诿，不退缩，从容承担自己选择的后果，这未尝不是他们在以后做事中提高自信心的一个绝好的方法。

四、多一分鼓励，多一点赞赏

心理学家威廉·詹姆斯曾说，人性最深处的需求就是渴望获得别人的赞赏。每个孩子都渴望得到父母的赞赏和鼓励，这是他们成长的最大动力。

在我们的家庭教育中，有的家长对孩子的教育非常关心，教育孩子知识全面，方法恰当，积累了丰富的育儿经验。但这并不代表所有的家长有这样的能力。很多家长在教育孩子时，会遇到许许多多我们自身无法解决的知识瓶颈，这时，不妨在言语上多鼓励孩子，在行为上多肯定孩子，和孩子站在一起，与他们一起面对困难、分析困难、解决困难。这样亲力亲为的方式，或多或少地会增强孩子处理困难的自信心。

语文中的"小练笔"对于孩子来说，特别是对于小学生来说难度较大，需要他们具备综合能力。"小练笔"出现的问题，解决起来非常麻烦，有些孩子面对这块难啃的"骨头"时常常会束手无策。无从下手的家长也大有人在，这时的家长也只能在一旁为孩子鼓鼓劲，安慰孩子面对难题时不要急躁，不要焦虑，为他们提供心理支持，慢慢引导他，希望激活他们内在的信心。"看看课文中的范文是怎么写的？""换一种思路，思考这个问题，看看能否写出小练笔？"……这样的鼓励能够最大限度地激发孩子的思维，提高孩子解决问题的可能性，从而让孩子闯过语文"小练笔"的作业难关。

鼓励孩子，提高孩子的自信心，不能只是喊喊空洞的口号，必要时，注意运用一些鼓励技巧。换一种说话方式就是一种高超的鼓励方法，在心理学上叫"罗森塔尔效应"。每个人都可能获得成功，但这种可能的实现取决于周围的人能不能像对待天才那样去期望他。

我听说过一个这样的故事：

一个妈妈去学校参加家长会。这个孩子呢，成绩不太优秀，可以说糟糕极了，平时还调皮捣蛋，好动，坐不住板凳。这次家长会的一个重要的目的——劝他退学。这个孩子的妈妈，知晓老师谈话的真实意图之后，鼻子一酸，几乎要落下泪来。但回到家里，妈妈没有如实地把老师的原话告诉孩子，而是换了一种方式和孩子反馈家长会的情况。妈妈对这个孩子表达了她最美的期望，对孩子说今天老师当了全体同学家长的面表扬了你，说你比以前进步了一点点，你以前调皮好动，现在能持续坐五分钟板凳了，同时在自己的孩子面前，竖起了大拇指。其实，这位妈妈的内心是五味杂陈的。那天晚上孩子破天荒地吃了两碗米饭。

第二次家长会很快就到了。家长会中，老师公布了班级学生的成绩。这个孩子的成绩排名在班级倒数第二。老师就直接怀疑她儿子智力有问题，希望孩子家长最好带着孩子到医院详细检查一下。回家的路上，这位妈妈再也没忍住泪水，哭了一路。但是回到家里，妈妈面对儿子时，却振作精神地说：老师对你充满了信心，你并不是一个愚笨的孩子，只要你再细心一点，就能超过你的同桌。妈妈声音小了不少，似乎她心里也在怀疑自己儿子的能力。当孩子听了她说完这些话后，她发现儿子黯淡的眼神一下就亮了起来。

再后来，她的儿子慢慢改变了，文化课成绩提高了，如愿以偿地考上了名牌大学。

这无疑是换一种说话方式，激发了孩子的自信心的最好的例子。

鼓励孩子的另外一种不错的方法——与孩子平等相处，融洽交流。平等相处，融洽交流，消除隔阂，不存芥蒂，开诚布公，点燃自信。当遇到难题时，没有大呼小叫，没有鸡飞狗跳，只有心平气和地交流，一起解决难题的默契。家长陪孩子一起认真审题，分享见解，交换想法，提出对策，权衡利弊，择优选用，孩子怎么会不真心真意地实施提高成绩的行动呢？有时"无声"胜"有声"，这种无声的"鼓励"，给了孩子自信的底气，为孩子的成长奠定了强有力的基石。

五、养育孩子的特长

有些孩子，一天到晚都奔波在学习文化课知识的路上，兴趣只能落在一旁落灰长草。每当学校体育节、艺术节举办时，他们被迫成为"观众"，看到有特长的学生在舞台上绽放光彩时，心中定会感到一丝丝自卑。

适时培养孩子的兴趣或者特长，是在无形中增强孩子的自信的方法。比如，口才表达比较好的孩子，就让他们讲讲故事，背背儿歌，诵读一些经典的短小的诗歌，等等，让他们展示自己的才艺，收获同学赞许的目光。唱歌比较好听的孩子，让他们唱唱儿歌，在优美的音乐中展示自我，炫耀心底的小荣光。作为家长的我们也可以一边哼唱，一边给他们打拍子，积极迎合，无声激励。不爱说话，但在剪纸、绘画方面有天赋的孩子，我们多给他们提供一些平台，多让他们剪剪、画画自己喜欢的东西。每到春节的时候，让他们剪一些窗花，挂在家中，贴在窗上。这样，无疑会增加他们做事的自驱力。男孩活泼好动，不妨让他们学一些武术或者跆拳道，时不时地让他们登台表演，在发泄多余精力的同时表现自我、锻炼胆量、增强自信心。

在培养特长的过程中，孩子与同伴们交往多了，合作默契了，能力增强了，这无形中提高了他们的自信心。遭受挫折，经历坎坷，心灰意冷时，孩子们能够彼此安慰，互相关心，共同面对，一起分析失败的原因，总结其中的教训，展望美好的未来。

六、体验成功的感觉

家长在教育孩子的时候，常常有这样的困惑：我在多次鼓励孩子之后，孩子仍然进步不大，好像听不进自己的劝诫似的，有时孩子还会因学习成绩不理想而产生挫败感。家长们为此痛苦不堪。此时，我们不妨让孩子体验一次成功的感觉，孩子自信心会明显增强。

小A同学每次回答问题时总是支支吾吾，声音极低，连同桌都听不清楚。回答问题后，他总是低着头，不敢抬头看黑板，身子有时也扭动着。让他朗读课文，声音低不说，而且总是朗读跳行，他实在太紧张了。

根据这个情况，我采用了体验成功法，效果非常明显。在一次班会课上，我让他走上讲台，大声背诵自己非常熟悉的《清明》。他果然没让大家失望，诗歌背得正确、清楚、有节奏，而且饱含深情，在座的师生都被惊艳到了。等到他背完诗歌时，台下响起了阵阵掌声。这次，他居然成功了。这时，我发现他的眼里闪动着异样的光芒。小A同学在之后的学习中，渐渐自信起来，个人成长也很快。

一次成功体验的获得，会激发下一个成功体验的产生。自信心慢慢积累，离成功自然就不远了。

自信是发自内心，由内到外的一种气质。拥有自信的孩子，不一定都会成功，但是他们一定能使自己的生活闪闪发光。家长朋友，从现在开始，培养孩子的自信心吧！

"问题孩子"的成长答案

教育孩子是一个复杂而艰难的过程，尤其是当这个孩子被标记为"问题孩子"时，这个过程会变得更加困难。"问题孩子"是指那些学习有障碍，情绪行为有问题，沉迷电子游戏影响学习、生活的孩子。在这种情况下，家长需要采用一些实际有效的方法来教育引导孩子，以帮助他们解决问题，走向成功。

教育这些不同类型的"问题孩子"，需要不同的方法。

一、学习有障碍的孩子

学习障碍包括孩子完成作业的效率低、拖延、分心、注意力不集中、缺乏学习动力等。教育学习有障碍的孩子可以采用以下方法。

1. 营造环境

确定一个固定的作业时间和地点，让孩子在每天相同的时间和地点完成作业，这样他们会渐渐地养成一个良好习惯，减少拖延和分心的情况。营造一个适合学习的环境，确保孩子学习的地方安静、整洁、亮度适宜，没有分心的因素。

2. 制订计划

首先，可以制订计划和时间表。制订一个详细的计划和时间表，可以让孩子更好地掌握完成作业的进度和时间。其次，分解任务。将大的任务分解成小的任务，让孩子逐步完成，这样可以让孩子更容易掌握完成作业的节奏和效率。

3. 选择学习方式

选择适合孩子的学习方式。每个孩子的学习方式都是不同的，父母应该尝试不同的学习方法，找到适合孩子的学习方式，如视觉、听觉或动手等方式。例如，调整孩子的生物钟，如果孩子在晚上精力比较充沛，可以调整他们的作息时间，将作业安排在晚上完成。

4. 制定奖励机制

短期奖励。短期奖励是为了激励孩子在短时间内完成一项任务或达成某个目标。例如，可以奖励孩子一个小玩具或小零食，以激励他们完成作业或其他任务。

长期奖励。长期奖励是为了激励孩子在较长的时间内保持良好的行为和习惯。例如，可以奖励孩子一件他心仪已久的物品或给予他额外的零花钱，以鼓励他们保持良好的学习和生活习惯。

团队奖励。团队奖励是为了鼓励孩子在团队中合作。

5. 鼓励孩子

鼓励孩子找到自我激励的方法，让他们学会通过内在的动力完成作业，而不依赖外在的奖励。

鼓励孩子多做练习。多做练习可以提高孩子的熟练度，从而提高完成作业的效率。

鼓励孩子参加课外活动。参加课外活动可以帮助孩子发掘自己的潜力，提高他们的自信心和自尊心，还可以帮助孩子锻炼社交能力和团队合作能力。

6. 寻求专业的帮助

如果孩子的学习困难超出了父母的能力范围，父母可以寻求专业的帮助，如请教老师或咨询心理医生等。

二、情绪有问题的孩子

孩子的情绪问题是由多方面的因素造成的，可能会给他们的生活和学习带来很大的困扰。这些问题包括焦虑、急躁、抑郁等。我们家长可以采用一些方法帮助他们掌握调节情绪的技能，提高他们的自我控制能力，最终促进他们的心理健康发展。

可以帮助到有情绪问题的孩子的方法有以下几种。

1. 深呼吸练习

深呼吸练习可以帮助孩子放松身体和减轻压力。在这个练习中，孩子坐在一个安静的地方，闭上眼睛，深深地吸气，然后慢慢地呼气，循环几次。这个练习可以有效地帮助孩子减轻焦虑、恐惧和愤怒。类似的还有意念练习，这个练习可以帮助孩子关注当下的感觉，减轻压力。孩子需要坐在一个安静的地方，专注地感受他们身体的感觉，如身体的重量、呼吸、心跳等。当发现他们的思想开始游荡时，我们要提醒他们把注意力重新集中到身体感觉上。

2. 情感日记

情感日记是一个可以帮助孩子表达情感的工具。孩子可以在这本日记中写下他们的感受，包括愤怒、悲伤、焦虑等，还可以写下导致这些情绪的原因以及他们采取应对这些情绪的方法。

3. 情感分类练习

情感分类练习可以帮助孩子区分不同的情绪，进而了解每种情绪的特征。孩子可以在一个纸板上列出各种情绪，如愤怒、悲伤、焦虑、兴奋等。然后，他们可以写下每种情绪的表现，如身体反应、思维和感受等。

4. 情感管理技巧

情感管理技巧可以帮助孩子学习如何应对不同的情绪。孩子可以学习一些技巧，如积极思考、寻求支持、放松练习、分散注意力等。这些技巧可以帮助孩子在情绪高涨时保持冷静，并找到解决问题的方法。

5. 社交技能练习

社交技能练习可以帮助孩子提高人际交往能力，减轻孩子社交焦虑和孤独感。孩子可以学习一些社交技能，如表达自己的情感、倾听他人、沟通和解决冲突的能力等。这些技能可以帮助孩子更好地与他人交往，并获得更多的支持和帮助。

6. 身体运动和体验

身体运动和体验可以帮助孩子减轻情绪压力，提高自我感觉和心理健康。孩子可以尝试一些身体活动，如跑步、散步、游泳等，这些活动可以帮助孩子放松身体和心理。此外，孩子还可以尝试一些感官体验，如听音乐、看电影、画画等，这些活动可以帮助孩子在身体和思维上获得放松和愉悦的感受。

7. 基于认知行为疗法的练习

基于认知行为疗法的练习可以帮助孩子改变负面的思维和行为模式，培养孩子的积极情绪和行为。孩子可以学习如何识别和挑战负面的思维，如过度一般化、情感化、放大化等。此外，孩子还可以学习如何调整自己的行为，如采取积极的行动、寻求支持、放松练习等。

8. 睡眠管理

睡眠管理可以帮助孩子改善睡眠质量，减轻情绪压力和疲劳感。孩子可以学习一些睡眠管理技巧，如规律的睡眠时间、减少噪声和光线干扰、睡前放松练习等。这些技巧可以帮助孩子改善睡眠质量，提高身体和心理健康。

9. 家庭支持和参与

家庭支持和参与可以帮助孩子感受到家庭的支持和关爱，培养孩子的自尊心，提高孩子的自信。家长可以参与孩子的情绪调节训练，如帮助孩子识别情绪、表达情感、制订行动计划等。此外，家长还可以提供爱和关注，鼓励孩子积极参与社交活动和身体运动，促进孩子全面发展和健康成长。

三、行为有问题的孩子

孩子出现行为问题的因素十分复杂，一些问题儿童可能具有与众不同的人格特征或行为习惯，如易冲动、难以自控、情绪不稳定等，也可能是好出风头的心理作祟。这些个人因素可能是天生的，也可能是由于家庭或环境的影响而形成的。对于这类孩子家长不妨这样做做看。

1. 制定明确的规则和奖惩机制

家长应该与孩子一起制定明确的规则和奖惩机制。这些规则应该包括家庭所有的行为准则，如尊敬长辈、保护幼小、融洽乡邻等。制定明确的规则和奖惩机制，可以让孩子明确自己的行为，承担相应的后果。

2. 提供积极的关注和支持

家长应该提供积极的关注和支持，让孩子感受到被尊重和被爱。例如，家长可以多夸奖孩子的优点和进步，鼓励孩子尝试新事物和挑战自我。

193

3. 提供正确的引导和建议

家长应该提供正确的引导和建议，帮助孩子掌握正确的行为方式。例如，家长可以教育孩子如何表达自己的情感、如何处理冲突和如何与他人相处等。

4. 建立有效的沟通渠道

家长应该建立有效的沟通渠道，让孩子向他们倾诉自己的问题和困惑。同时，家长应该多与孩子交流，了解孩子的想法和需求，以便更好地满足孩子的需求。

5. 采取行为管理技巧

家长可以采取一些行为管理技巧，帮助孩子改变不良行为。例如，家长可以采取正面强化技巧，即当孩子表现良好时及时给予奖励和肯定；也可以采取消极惩罚技巧，即让孩子承担不良行为的后果，如扣减零花钱、禁止玩玩具等。

6. 提供情绪调节支持

有些行为问题可能是由情绪问题引起的，因此家长应该提供情绪调节支持，帮助孩子处理情绪问题。例如，家长可以教育孩子如何识别和管理自己的情绪、如何寻求支持和帮助等。

7. 建立良好的家庭和学校环境

家校应该一起努力建立良好的家庭和学校环境，让孩子感受到安全和稳定。例如，可以营造愉快的家庭氛围、建立积极的校园文化、提供适当的学习和生活支持等。

对于有行为问题的孩子，家长应该采取综合性的办法，从多个方面入手，帮助孩子改善不良行为。同时，家长和教师也应该给予耐心和理解，不要放弃孩子，相信他们有改变的能力和潜力。

四、有沉迷电子产品问题的孩子

沉迷电子产品已经成为许多孩子的普遍问题。长时间使用电子产品可能对孩子的视力、身体健康和学业产生负面影响，也可能导致孩子缺乏体育运动和社交活动，影响到他们的成长。以下几种实用的办法，可帮助孩子克服沉迷电子产品的问题。

1. 管理家庭电子产品使用时间

家长应该对家里的电子产品使用时间进行有效的管理，可以使用家庭规则来限制孩子的使用时间，并严格执行。此外，家长可以将电子产品存放在公共区域，以便监督孩子的使用。

2. 鼓励户外活动

户外活动可以让孩子摆脱电子产品的诱惑，还能增加身体活动量，提高心理健康水平。家长可以鼓励孩子参加课外活动、运动队或其他有趣的户外活动。

3. 建立健康的睡眠习惯

长时间使用电子产品可能会影响孩子的睡眠。为了帮助孩子建立健康的睡眠习惯，家长可以规定睡觉时间，关闭电子设备，营造良好的睡眠环境。

4. 设定学习目标

学习是孩子的重要任务之一，家长可以与孩子一起设定学习目标，并为其提供必要的学习支持。如果孩子能够理解学习的重要性，他们可能会减少使用电子产品的时间，以便更好地完成学业。

5. 创造社交机会

沉迷电子产品可能导致孩子缺乏社交活动。家长可以鼓励孩子参加社交活动，如学校俱乐部、社区团体或其他社交活动。这些活动可以让孩子与同龄人互动，建立新的友谊。

6. 激发兴趣爱好

孩子对电子产品产生依赖，可能是因为他们缺乏其他有趣的活动。家长可以鼓励孩子尝试新的兴趣爱好，如阅读、绘画、音乐等，以帮助他们摆脱对电子产品的沉迷。

7. 引导孩子合理使用电子产品

电子产品已经成为现代生活不可缺少的一部分。家长可以为孩子提供一些有用的电子产品，如学习软件、音乐播放器、电子书等，但是要引导孩子合理使用，如可以限制使用时间、选择有益的内容、监督孩子的使用等。

8. 培养孩子的自我控制能力

对于孩子来说，自我控制是非常重要的。家长可以通过训练帮助孩子培养自我控制能力，以帮助他们控制自己的电子产品使用时间。

9. 建立良好的家庭氛围

良好的家庭氛围可以帮助孩子摆脱沉迷电子产品的问题。家长可以营造温馨和谐的家庭氛围，与孩子共度美好时光，让孩子感到温暖和爱。

10. 借助专业帮助

如果孩子沉迷电子产品的问题比较严重，可能需要寻求专业帮助。家长可以咨询学校心理医生、儿童心理医生或其他专业人士，以获得帮助和支持。

五、好斗、有攻击性行为的孩子

好斗、有攻击性行为的孩子对家庭和社会都会产生极大的负面影响，家长可以采用一些积极的措施来帮助孩子解决这些问题。

1. 建立规矩

家长应该给孩子立一些规矩，告诉孩子哪些行为是不可接受的，并设定相应的惩罚和奖励机制，以鼓励孩子的良好行为。

2. 鼓励合作和分享

好斗、有攻击性行为的孩子常常缺乏与他人合作和分享的欲望。因此，家长可以创造一些机会，鼓励孩子与其他孩子进行合作和分享，以帮助他们更好地适应社交场合。

3. 培养孩子的自我控制能力

自我控制是预防攻击性行为的关键。家长应该通过训练帮助孩子培养自我控制的能力，如借助游戏和体育活动等方式进行训练。

4. 提供爱和关心

好斗、有攻击性行为的孩子常常缺乏爱和关心，这会导致他们做出极端行为。因此，家长应该给予孩子充分的爱和关心，让他们感到被理解和尊重。

5. 寻求专业帮助

如果好斗、有攻击性行为的孩子的问题比较严重，则需要寻求专业帮助。家长可以咨询心理医生或其他专业人士来获得支持和帮助，这将有助于解决孩子的问题。

有这样一个关于教育方法的故事：

一个男孩在学校表现不佳，因为品行问题受到质疑、冷落，直至被学校下了最后的"通牒"。这个男孩十分讨厌学习，缺乏自控力，没有责任感。母亲很担心儿子将来的前途，开始寻找方法来挽救他。母亲经过调查和研究，决定采用一种叫作"逆转教育法"的方法。这个方法的核心是让孩子参与每一项决策，并承担自己的后果。母亲告诉儿子，他可以自己选择他想学习的科目和兴趣爱好，但他必须对自己的决定负责，如果没有取得好成绩，他就要承担相应的后果。母亲为儿子提供了一些学习资源和指导，但让他自己决定如何利用这些资源。儿子选择了他感兴趣的科目，并开始付出更多的努力。他也开始表现出更多的自控力和责任感，因为他知道自己的决定和努力将直接影响他的学业和未来。随着时间的推移，儿子的学习成绩和品行开始有所改善。他开始在学校表现出更多的积极性和主动性，并且和老师、同学的关系也变得融洽了。他甚至开始参加课外活动，并表现出了一些潜在的才能和兴趣。

这个母亲的成功案例向我们展示了，通过让孩子参与决策和承担后果，可以帮助他们发展自控力、责任感和积极性。这种方法不仅可以帮助孩子克服困难，还可以激发他们的潜力，并帮助他们在成长的道路上取得优异的成绩。

总而言之，想要解决"问题孩子"成长中的各种困难与问题，不是一蹴而就的，需要家长和专业人士共同协作，从多个角度出发，采取针对性的措施。

在这个充满挑战性的过程中，家长需要不断地学习和探索，了解孩子的需求和特点，根据不同孩子的情况实施相应的策略，通过正确的教育方法和积极的行动，帮助孩子实现梦想，让孩子成为一个有爱心、有智慧、有担当的人。我相信只要家长和孩子共同努力，就一定能够解决问题，走向成功！

电子产品引发的家庭矛盾，
怎么解决

在互联网时代，电子产品已经成为人们生活的一部分，不论是出行购物、娱乐休闲，还是工作学习，都离不开电子产品，可以毫不夸张地说：有人的地方就有电子产品。电子产品的出现不仅影响了成人的生活，也扩大了孩子的学习空间和生活体验，然而电子产品的过度使用也给孩子的成长带来了消极的影响。

一、电子产品危害大

1.对身体伤害大

各种小型电子设备的过度使用导致越来越多的儿童成为"低头族"，而原本只有老年人才患有的脊柱疾病现在也开始影响年轻一代，甚至对儿童开始构成威胁。有媒体报道，一个15岁的高中生因经常使用手机，脖子扭曲，关节发生巨大变化，如同五六十岁的老年人一般。这是由于玩电子产品时长期处于静止状态，血液循环减慢，身体器官运行缓慢，机能减退，身体骨骼和器官发育不良。儿童的视力还未完全发育成熟，如果过度看电视或使用电子产品，会极大地妨碍其视力发展，甚至可能导致近视。近年来，儿童的近视率越发严重，据相关部门统计，初高中孩子近视率达70%，这与电子产品的过度使用有很大关系。

2. 对心理伤害大

纷繁多样的网络游戏、网络视频、网络社交活动为儿童建立了一个虚拟的网络世界，却让他们忘了抬头去感受这个真实的生活，造成很多儿童最终沉迷网络，染上网瘾。研究显示，网瘾青少年成为困扰当代家长的重要问题，这些青少年对上网表现出强烈欲望。主要表现有以下几点：一是精神依赖。网瘾严重的孩子会对电子产品产生精神上的依赖，似乎时刻离不开网络，一旦离开网络就会浑身不自然，情绪焦虑或低落，对什么事都提不起兴趣，一上网就变得亢奋、激动、心情愉悦。二是性格突变。很多网络游戏充满了暴力和血腥的元素，很可能会让一些孩子产生暴力行为。网络世界和现实世界的巨大反差导致孩子对现实生活充满了抵触情绪，他们的个性也会变得更加孤独，不愿意与人交往，不愿意与真实生活中的家人和朋友沟通，容易产生自闭心理，也更容易暴躁和焦虑。三是自杀倾向。过度沉迷电子产品容易产生逆反心理，青少年心理承受能力差，会选择通过网络发泄内心情绪，逃避现实。当无法逃避现实，又不堪面对时，内心脆弱的孩子容易产生自杀倾向，走上不归路。

二、沉迷电子产品的原因

要想减少电子产品伤害，必须找到孩子沉迷其中的原因。主要原因有以下几点。

1. 寻求情感依托

很多孩子会沉迷于网络游戏，是因为他们感觉在现实生活中无法找到自己的位置，无法得到社会的认可，甚至无法得到家人的理解。而在游戏中，他们可以体验到超越现实世界的归属感、成就感和权力感。可以说，现实的孤寂与周围人的漠视是导致孩子们依赖网络的主要原因。2022年，一名小学生离家出走，家人在报警后，经多方搜寻终于在网吧找到了孩子。经了解，原来这个孩子在家中是老大，自从三年前弟弟出生后，父母将大部分精力都放在老二的身上，忽略了老大感受，为了引起家长的重视，重获家长的关心，孩子才做出如此过激的行为。

2. 缺乏有效的沟通

人类是一种社会动物，彼此交流是不可或缺的。然而，所谓的"沟通"并不仅仅是口头交流的过程，更是心灵的倾诉与聆听。父母与子女相处时所创造的氛围是否舒适，父母的态度是否易于接受，所传达的情感是否真诚，所使用的措辞是否易于理解，都属于沟通的范畴。如果父母使用打骂、指责、恐吓等方式来对待孩子，往往会导致孩子害怕与父母交流，从而紧锁心门。那么孩子就会寻求其他途径来宣泄情感，其中就包括玩电子产品。

3. 缺少建立自律的方法

孩子天生具有探究世界的好奇心和求知欲，很容易发现电子产品塑造的世界和他们所知道的真实世界有所不同，虚拟世界更新奇、更刺激，能给自己带来满足感，因此很容易被吸引。然而，他们由于自我控制能力差，容易受电子产品的诱导而沉迷其中。

三、父母该怎么做

对于一个孩子来说，电子产品带来的诱惑是无法抗拒的，因此需要家长来引导、帮助他们。那么家长到底要怎么做呢？一定要记住以下五条。

1. 真正理解孩子的内心需求

家长在发现孩子出现叛逆、不听话、成绩下降等异常现象时，要引起高度重视，耐心倾听孩子的内心世界，了解孩子的需求。很多网瘾儿童的父母都是"忽略型"，他们表面上关心自己的孩子，对孩子采取严格的管制，实际上他们对自己的孩子缺乏足够的了解，甚至一味地惩罚或者忽略孩子，这必然会导致亲子关系疏离，孩子难以真正信服父母。因此，家长应该设身处地地为孩子思考，重新建立良好的家庭关系。密切的亲子关系是亲子交流的前提，也是理解孩子需求的前提，同时是构建健康家庭的前提。

2. 与孩子进行沟通

当孩子沉迷电子产品时，家长一定要与孩子沟通。沟通是了解孩子内心需求的重要方法。首先，家长要与孩子平等沟通。命令指派式的口吻容易使孩子产生逆反心理，扼杀孩子的自主意识，家长不应简单地说"我要求你……"，而应该给孩子思考和建议的权利，与孩子共同解决问题。其次，家长要宽容面对孩子的错误，要允许孩子有犯错的机会。当出现问题时，家长应包容孩子的错误，同时引导孩子积极思考对策，纠正错误。最后，家长要有耐心和孩子一起成长，要适当鼓励孩子自己拿主意。当孩子做出决策时，家长要真诚地表达自己的看法，对孩子每个小进步予以肯定和赞赏。

3. 树立良好的榜样

父母是一面镜子，是孩子的榜样。每当在生活中遇到问题时，孩子往往会不自觉地模仿父母的做法，所以父母的行为会对孩子产生深远的影响。父母应做到言行一致。父母一面要求孩子远离电子设备，一面自己拿着手机不放，孩子必定会口服心不服，容易产生抵触心理。父母应该尽可能避免在孩子面前使用电子产品，并且在与孩子共处时，要多与孩子交流和互动，不要只是专注于自己的手机。良好的榜样就像一座灯塔，照耀着孩子前行的方向，影响孩子的一生。

4. 充实孩子的生活

有的孩子贪恋电子产品是因为他们"没的玩"，家长应该培养孩子广泛的兴趣爱好，引导孩子寻找其他健康娱乐方式，参与有意义的活动，增加孩子在户外的活动时间，从根本上降低电子产品带来的危害。培养一种健康向上的爱好，不仅可以帮助孩子从各种电子产品中解脱出来，而且可以锻炼孩子的身体，陶冶孩子的情操，提升孩子的审美素养。例如，绘画、弹钢琴等，可以提升孩子的审美素养；适度的运动可以增强孩子的身体素质，促进肌肉、骨骼和关节的发育，也能让孩子保持愉悦的心情；探索自然世界可以增长孩子的知识，孩子在大自然中观察草叶上的昆虫，收集奇形怪状的石头，或与小动物玩耍，都可以感受到大自然的美妙，从而更加热爱生活。这些活动都对孩子有极大的吸引力，既锻炼了孩子的身体，增长了知识，也让孩子远离了电子产品。一个良好的兴趣往往可以让孩子受益终身。

5. 寻找伙伴

孩子沉迷于电子产品，往往是由于缺乏伙伴的陪伴，伙伴在人的成长过程中扮演着至关重要的角色。专家指出，伙伴关系可以促进孩子智力发展，提升探索问题、解决问题的能力；伙伴关系可以为孩子提供情感支持，让孩子获得被团体接纳的归属感，从而对团体、对社会产生信任感；伙伴关系有利于孩子建立自我认知，在与伙伴的相处过程中可以更全面地认识自我；伙伴的圈子使孩子找到了最合适自己的社会角色，使孩子长大后更容易适应社会。研究表明，在儿童时期建立良好的伙伴关系可以大大降低抑郁、自闭等心理问题，降低自杀心理的产生，使孩子更加自信豁达地面对生活。由此可见，良好的伙伴关系对孩子的成长至关重要，家长应给孩子适当的活动空间，为他们提供寻找伙伴的机会。

四、堵不如疏，合理利用电子产品

在网络信息技术高度发达的今天，孩子不可避免地会接触到各种电子设备。面对来势汹汹的网络游戏、网络视频等各种诱惑，家长如果能恰当引导，帮助孩子正确合理地使用电子产品，不仅能降低电子产品对孩子的伤害，还能使电子产品成为孩子成长的帮手。

1. 带着孩子一起了解互联网

父母应该创造健康上网的环境，带领孩子了解互联网给人类生活带来的变化，感受科技的神奇，让孩子知道电子产品有计算、储存信息、编辑、通信等很多功能，而网络游戏、动画视频等是电子产品带来的娱乐功能。对于孩子的合理要求，家长不仅要尊重，还应给予指导，帮助孩子学会利用电子产品搜索信息，或通过网络进行学习交流，在合理使用电子产品的同时减少对电子产品的依赖。

2. 制定规则，防止上瘾

建议孩子在3岁前远离电子产品，因为屏幕上的颜色和亮度频繁而急剧变化，可能导致眼睛过度劳累，引发近视等眼部疾病。一旦孩子开始使用电子产品，家长需要与他们沟通，确保使用时间不超过15分钟。如果孩子无法理解15分钟的概念，家长可以使用一个小沙漏来帮助孩子，告诉他们："当沙漏里的沙子全部流完时，就是你停止使用电子产品的时候。"15分钟后，让他们走到窗户或门口，放松双眼，欣赏外面的景色。家长应与孩子共同商量，制定一些使用电子产品的规则，除了要规定每次使用的时间，还要明确电子产品使用的目的主要是学习、交流、查询资料等，同时让孩子明白，看动画片、玩游戏都是娱乐，要适可而止，让孩子在使用电子产品时更加有条理，避免上瘾。

3. 加强陪伴，避免迷失

孩子在使用电子产品进行娱乐的时候，往往无法分清现实世界和网络虚拟世界，在适当的时候，父母要陪伴在孩子身边，帮助他们将电子产品中的内容与现实生活联系起来，并给予适当的指导，避免孩子在网络中迷失自我。例如，当孩子观看动画时，父母可以与孩子一起探讨动画中所呈现的主题；当孩子玩游戏时，父母可以让他们了解成功和失败都是人生的一部分。

总之，电子产品是一把双刃剑，如果能够发挥它的优点，减少它的害处，就能让它成为我们的帮手，成为孩子进步、家庭美满的润滑剂。

如何对孩子进行挫折教育

先和家长朋友们分享一个小故事：

有三位母亲分别带着自己的孩子去公园，途经一个小水坑时，三个孩子都摔倒了。第一位母亲看到孩子摔倒了说："孩子，不哭，妈妈相信你能自己爬起来，加油！"然后用鼓励的眼神望着孩子，直到孩子自己站起来。第二位母亲看到后没有说话，而是在一旁故意摔倒两次并站起来，用自己的实际行动教育孩子怎样站起来。第三位母亲赶紧跑过去，一边帮孩子拍去身上的尘土一边说："孩子，别哭，摔着没有？"接着边跺水坑旁的地面边说："不怨宝宝，都怨地不好，让我家宝宝摔倒了，宝贝乖，别哭了！妈妈打它，替你出气。"

听完这个故事后，你想知道这三个孩子以后会怎样吗？第一个孩子独立坚强，从小就学会了照顾自己；第二个孩子自立、自信，乐观面对生活；而第三个孩子似乎永远长不大，遇到生活中的磨难时，只会不断地抱怨，不停地找父母解决问题。

再请大家看一份资料：

2021年，北大医疗脑健康儿童发展中心发布的《中国儿童自杀报告》指出：近年来，中国儿童自杀率居世界第一，而且呈逐年上升的趋势。

上面的故事和资料引发了我对"挫折教育"的思考。中国一些儿童为何自杀？究其原因，不难发现，很多都与小时候挫折教育不够有关。小时候的他们被长辈们捧在手心里，视为掌上明珠，什么都不让干，整天享受着"小皇帝""小公主"般的待遇。稍微长大一点，在独自面对学习、交友、生活中遇到的困难时，他们因为经受不住这些挫折出现各种各样的心理问题，一时间想不开就走上了不归路。

其实，人的一生并不是一帆风顺的，每个人在成长的过程中总会遇到这样或那样的困难，正所谓：人生不如意事十之八九。再加上当今社会竞争日益激烈，没有经过挫折教育的孩子很难在竞争中脱颖而出。作为父母，我们要知道，未经锻炼的翅膀将难以搏击人生的风雨雷霆，在温室里长大的花草难以经受酷暑严寒，屋檐下的燕雀经不起狂风暴雨。因此，家长要有意识地培养并不断提升孩子的耐挫能力。孩子只有具备一定的应对挫折的能力，才能在竞争中立于不败之地。

那么，家长到底该如何对孩子进行挫折教育呢？下面给大家分享几个小妙招，希望能够帮助大家。

1.转变观念，正视挫折

家长要清醒地认识到，挫折是一把双刃剑，既能毁掉一个人，也能成就一个人。现在的孩子，和三十年前的我们相比，普遍耐挫能力差。因为他们生活在物质条件丰裕的年代，再加上现在提倡鼓励教育，很多孩子都在"过度表扬"的环境中生活，以至于养成了"表扬依赖症"，听不得他人的半点批评，稍不如意就大发脾气，更有甚者，打骂家长。这样的孩子一旦遭遇挫折，很容易会被击垮，造成自卑心理。因此，家长对孩子过度的宠溺会使孩子从小就变得无比脆弱，会在无意中剥夺了孩子感受挫折的机会。所以，家长朋友务必要转变教育观念，认识到挫折的两面性，在孩子遇到困难和挫折时，要帮助孩子度过挫折期，既要给予一定的引导，又不能过度干预。家长需要告诉孩子：解决问题是一个需要耐心和时间的过程，不要急于求成，不要轻易放弃，否则孩子会失去探究和自我发展的机会。

2. 帮助孩子认识挫折

心理学家马斯洛说过："生活中，难免会遇到挫折。挫折未必总是坏的，关键在于对待挫折的态度。"作为家长，应引导孩子正确看待挫折，使其建立正确的价值观。在平时的亲子沟通中，家长应该不断向孩子传递一个观念：失败和挫折并不可怕，它们是每个人成长过程中必不可少的一部分，正确地对待和战胜它们，能够帮助孩子更好地改进自己，取得更大的成功。这样，孩子才能在失败与挫折中认识到自己的不足，在改正和思考中取得进步和成功，在反复体验中认识到挫折的普遍性和客观性，真切地感受到做任何事情都可能会遇到困难，从而对挫折有正确的认识。只有这样，才能培养孩子不怕挫折、勇于克服困难的能力和主动接受新事物以及敢于面对挫折的信心。曾经有一位爸爸和不敢攀岩的孩子这样交流："孩子，困难是欺软怕硬的，你越害怕它，它越欺负你，你要是不把它放在眼里，再想办法去打败它，它就会害怕你。勇敢地迈出第一步吧，把困难踩在脚下，让它听你的话。"孩子听到爸爸的这段话后，怯懦地迈出了第一步，爸爸紧接着又鼓励他："孩子你真厉害，瞧，现在困难已经被你踩在脚下了，它已经开始听你的话了，继续加油！"在爸爸的引导下，孩子一步步向上攀爬。这位爸爸非常有智慧，用巧妙的语言既引导了孩子，又鼓励了孩子，值得我们学习。当然，成功不是唯一的标准，家长也要提醒孩子，追求进步和不断尝试才是最重要的。

3.面对错误，承担责任

金无足赤，人无完人，每个人都难免有犯错的时候，作为一个孩子，犯错的概率会更大。当孩子犯错时，家长不要太过担心，要思考如何将孩子的犯错变成教育契机。当孩子犯错时，家长应先安慰孩子，告诉他偶尔犯错是正常的，再和孩子共同寻找犯错的原因，寻求解决办法，争取下次不犯同样的错误，最后要让孩子承担责任。只有这样，孩子的记忆才更深刻，反思才更有用。写到这，我想到了我的一位朋友，她有一个女儿，有一次女儿到橱柜里找东西吃，因没有找到而发火，结果把朋友心爱的茶具打碎了，孩子很害怕，主动到朋友跟前认错，朋友的做法值得我学习：她先安抚了孩子，表扬她主动认错的行为，然后了解了事情的前因后果之后，和孩子分析了坏情绪可能带来的很多坏结果，接着又和孩子讨论了"如果没有坏情绪这个小魔鬼，会发生这样的结果吗"。讨论之后，朋友又说，这是她最心爱的茶具，摔碎了怎么办呢？孩子说再买一套，于是朋友继续追问："可是谁出钱呢？"孩子沉默了一下，说道："我用自己的零花钱给妈妈买一套一模一样的。"于是，朋友又趁热打铁，表扬孩子懂得关心妈妈了，敢于承担责任了。事例中这位妈妈的做法，相信很多家长看到后都会有所触动。

4.榜样引领，树立信心

小学生的观察能力和模仿能力都很强，作为家长的我们，应该时刻注意自己在孩子面前的言行举止，尤其是我们对待挫折的态度以及解决问题的办法，都会在无形中影响孩子。因此，要想让孩子正视挫折，有抗挫折能力，我们家长必须先培养积极看问题的思维习惯，以乐观的情绪感染孩子，在孩子面前树立好榜样。除此之外，家长可引导孩子多向动画片、故事书中的优秀的榜样学习，如《西游记》中的孙悟空，面对任何苦难，从未退缩过，总是积极地战胜各种困难；《哪吒传奇》中的小哪吒也是一个不畏困难，不怕失败的孩子。除此之外，家长还可把一些名人在挫折中成长并获得成功的事例通过聊天、谈话等形式让孩子了解，引导孩子以名人为榜样，与"挫折"战斗。比如，不屈不挠的张海迪的事迹，不向命运低头的海伦·凯勒的事迹，听力减退却依然坚持音乐创作的贝多芬的事迹……当然，同伴也是孩子的"好榜样"，家长要抓住契机，引导并鼓励孩子向身边的小伙伴学习，帮助孩子树立抵抗挫折的信心。有众多的榜样在心中，孩子在遇到困难和挫折时，自然而然会模仿榜样，勇敢地与困难作斗争。

5. 适当批评，正视失败

人生百般滋味，都要微笑面对。当孩子犯错时，适当地给予批评，让其尝一尝失败的滋味，不失为一种不错的做法。这种做法，我认为也是提升孩子耐挫能力的好方法。现在的孩子，大部分在家里都处于"高高在上"的地位，他们活泼可爱、聪明伶俐，但有时又骄横傲慢、好胜好强。在平时各级各类的比赛中，父母、老师为了让其不受打击，会设计各种参赛称号让每一个参赛者都获奖，最差的也能拿到"最佳参与奖"，这样的设计虽然保护了孩子的自尊心，但也有弊端，久而久之，他们就形成了只能接受表扬而不能接受批评的心理，会变得脆弱，有一颗"玻璃心"。在以后的日子里，如果谁批评了他，他便会沮丧、懊恼，甚至丧失信心，走上社会后不能正确对待工作和婚姻中的各种挫折和失败。因此，作为家长，不能一味地包容，要让孩子适当体会失败的痛苦，在孩子犯错时，也要适当批评，指出其缺点和不足并予以适当的约束。在平时的游戏活动中，不一定每次都让孩子获胜，可以请能力比自己孩子强的大哥哥、大姐姐参与，让自家孩子体验一下失败的滋味，知道成功的不易。这样有意训练，次数多了，孩子的耐挫能力自然而然会逐渐增强，就算他们今后遇到大风大浪，家长朋友也不必太过担心。

6. 延迟满足，磨炼耐性

相信家长朋友对"延迟满足"这个词一定不会陌生，适当地运用这种方法，可以锻炼孩子对挫折的承受力。家长朋友可有意识地对孩子的合理需要，慢慢地从及时满足向延时满足过渡，从顺利满足向条件满足过渡，当孩子的要求没有在第一时间得到兑现后，孩子就学会了耐心等待，进而磨炼了耐性。比如，在训练小学低年段的孩子延时满足的能力时，家长可将选择权交给孩子。记得有一次出差，我给7岁的女儿带回了一件礼物，她特别兴奋，立马就要拆礼物盒，我就跟她说："宝贝，你可以现在拆礼物，也可以明早再拆。如果明早拆的话，你还会得到一件礼物哟！"女儿忽闪着大眼睛，思考了一会儿，把礼物还给了我。第二天早上，我交给女儿两份礼物，她拿到之后无比兴奋。对于小学高年级的孩子，家长可以采用积分奖励制训练其延迟满足的能力。比如，先和孩子一起制定奖惩细则，表现好加分，表现不好扣分，当达到一定的积分后，家长再满足他的需求，如买玩具、看电影、玩游戏……这样的训练不仅能治愈孩子的"急脾气"，还能磨炼其心性。

7. 设计挫折，因势利导

对于总是一帆风顺的孩子，建议家长适当设计一些情境，让其感受到挫折。如果这个孩子学习很好，可以鼓励他到运动场感受挫折。如果他运动能力较强，可以引导其到艺术天地感受挫折。在平时的生活中，家长还可以故意设置突发事件，让孩子自己解决。我曾经看过一个电视节目组做了这样的测试：请5名家长分别带自己的孩子到不同的饭店吃饭，剧组跟踪拍摄，要求家长吃一会儿后借故离开，再请一位演员扮演坏人诱骗孩子，考验孩子如何应对。一些年龄较小的孩子就跟着坏人走了，一些大孩子警惕性强一点，还有一个孩子借故上厕所拨打了报警电话。节目组通过这样的情境设置教育孩子，如果遇到类似的问题学会自我保护才是正确的解决之道。当然，家长也可以效仿，如留孩子一人在家，让"陌生人"敲门，看孩子如何应对；家长适当装病，让孩子照顾自己；做游戏时不断地加大游戏难度。只要家长用心，挫折教育无处不在，只要因势利导，就能培养他们克服困难、战胜挫折的勇气和意志，就能让孩子增强勇气，掌握应对策略。

8.即时评价，及时鼓励

很多家长忽视了在挫折教育时对孩子的表现进行评价。其实，恰到好处的评价不仅能提升孩子面对挫折时的心理承受力，还能促进其乐观性格的养成。尤其在孩子战胜困难取得进步时，家长朋友更应及时给孩子送上"鼓励评价"这份大礼。比如，孩子在学习中遇到难题时不发火，不抱怨，而是通过自己的努力解决了难题，取得了进步。此时，家长朋友一定要抓住时机鼓励他："宝贝真棒！遇到难题没有退缩，没有发脾气，而是乐观面对，积极寻求解决难题的方法，最终战胜了学习中遇到的困难，真是好样的！爸爸妈妈为你感到自豪！希望以后遇到任何问题和困难你都不要畏惧，战胜它，让它成为你的进步与成长的垫脚石。"类似于这样的评价，孩子听了，不仅知道了下次遇到困难该如何应对，还增强了自信心，变得更加勇敢。

总而言之，对孩子进行挫折教育的方法是多种多样的，家长朋友可以根据自家孩子的性格特征采取合适的方法。在对孩子进行挫折教育的过程中，家长朋友要敢于放手让孩子去尝试，鼓励孩子大胆去实践。家长要从一点一滴的小事做起，逐渐培养孩子的耐挫能力，在这个过程中使他们的羽翼不断丰满，不断强劲。唯有这样，孩子长大之后，才能勇敢地去搏击人生中的风雨，不断提升自我、超越自我，进而成就精彩的人生！